원하는 걸 모를 때
한 박자 쉬어가자

가을

원하는 걸 모를 때 한 박자 쉬어가자

일상에 지친 시기의 나, 일상을 떠난 여행에서의 나,
일상으로 돌아와 새로운 나를 마주하고 있는 나

차례

스무 살의 사회생활

11 　　농업인 딸의 꿈

18 　　꿈꾸던 대학 라이프

22 　　사회로의 한 걸음

33 　　퇴사하겠습니다

혼자 떠난 여행

45 　　도전

53 　　꿈같았던 여행

69 　　제주도에서의 뒷이야기

새로운 시작

81 　　새로운 도전

92 　　직업에 대한 용기

105 　　나의 숨은 이야기

110 　　나와의 약속

115 　　에필로그

원하는 걸 모를 때
한 박자 쉬어가자

스무 살의 사회생활

농업인 딸의 꿈

#농업인의 딸

나는 5천 평이 넘는 포도밭 과수원 딸로 태어났다. 아버지는 일밖에 몰랐다. 내가 아파 링거를 맞게 되었을 때도 주삿바늘이 들어가자마자 일하러 간다는 아버지셨다. 나는 혼자 있는 게 싫어 "간호사 선생님 주사 빼주세요." 하고 아버지를 뒤따라갔다. 그만큼 아버지는 농업에 진심이셨다. 그때는 나보다 일이 먼저인 게 서운했던 거였을까, '돈벌이 수단이 농업뿐이라 그랬던 거겠지 생계를 유지하기 위해서 무조건 했어야만 했었으니까 그러셨을 거야.'라고 생각하면 나도 모르게 눈물이 흐르고, 그 모습을 들키고 싶지 않아 창밖을 보다가 잠자는 척했다.

어릴 때는 트럭을 타고 다니는 것이 부끄러웠다. 남자아이들은 "트럭 타고 다니면 좋아? 그래서 피부가 검은가?" 하며 놀리는 일이 허다했기 때문이다. 여자아이들도 놀림당하는 나와 노는 걸 꺼렸다. 그래서 남자아이들이 놀리면 잡히지도 않는 머리카락을 잡아당겨 버렸다. 머리를 잡아 뒤로 당기면 얼굴이 천장을 바라보게 되는데 그때 나는 "그만 좀 까불어." 이 한마디밖에 못했다. 일주일의 시간이 흐르면 다시 아이들의 장난이 시작되었다. 반면, 어른들은 농사짓는다고 하면 '땅 많은 부잣집 딸'이라고 하하 호호 웃었다. '농사가 밥 먹여주나, 자식보다 일이 먼저인데 농사짓는 게 뭐가 그리 좋다고, 매일 일하다가 싸우는 소리를 당신은 듣고 살고 싶냐고!' 이렇게 소리치고 싶었다. 그 사람들이 하하 호호 이야기하는 게 듣기 싫어 화내고 싶지만 꾹 눌러 참았다.

일찍 학교에서 하교를 하거나, 주말이나 집에 있을 때 "따르릉-" 전화가 울려 받으면 아버지는 이런저런

심부름을 시켰다. 그럴 때 어떤 날에는 짜증이 나고, 어떤 날에는 반항을 하고 소리를 치고 싶은 날도 있었다. "싫어요!"라고 말이다. 그래도 가끔 새참을 준비해 나가면 아버지는 이런 것도 할 줄 아냐고 고맙다고 좋아해 주셔서 좋았다. 그러다 농사의 수확 시기가 오면 친구들을 만나 노는 것이 눈치 보일 정도로 농사일을 도와드려야만 했다. 몸이 안 아픈 곳이 없을 만큼 열심히 일하시는 아버지를 도와주는 건 놀고 있는 나뿐이었으니까 말이다.

아버지는 진통제를 달고 사셨다. 특히 허리나 팔꿈치의 아픔을 호소하셨고, 저녁이 되면 통증이 더 심해진다고 하셨다. 그래서 농사일이 조금 여유가 있는 날에는 한의원과 정형외과를 다니는 것이 일상이었다. 이런 아버지를 볼 때마다 화가 나고 답답했다. "왜 아프고 힘든 일을 사서 고생하냐, 아프면 쉬어라, 제대로 된 병원을 가서 검사를 받아라, 약국의 진통제에만 의존하지 말고!"라고 윽박지르고 싶었지만, 차라리 내가 빠르게 일을 시작하면 나아질 것 같아 빨리 사회생활을 하고 싶었다.

농업인의 딸로 자라와서일까 어릴 때의 부모님을

생각하면 부모님이 아팠던 일만 생각난다. 가장 기억에 남는 것은 고등학교로 올라가는 해에 어머니는 할머니를 모시러 산으로 올라가다 발을 헛디뎌 그대로 떨어진 것이다. 밖에서 소리 지르는 소리가 들려 뛰어나갔더니 엄마는 바닥에 다리를 펴고 주저앉아있었고, 바지 사이로는 피가 철철 흐르고 있었다. 다행히 팔로 버티는 덕에 일직선으로 떨어져 발꿈치뼈만 으스러졌다. 얼마나 무서웠을까. 그때는 정말 하늘이 무너지는 것 같았다. 방에 들어가 소리를 지르며 울어버렸다. "왜 고생하는 우리 엄마, 왜 다치게 하냐고, 왜 그렇게 편하게 두는 날이 없냐고." 혼잣말을 중얼거리며 눈물을 쏟았다. 외할머니도 몸에 자기 것이 없을 정도로 수없이 수술하셨다. 친할머니는 알츠하이머라는 치매 진단을 받으셨다. 아픈 일들이 모이고 모여 가족에게 조금이라도 가까이서 힘이 되고 싶어 의료계열에 관심이 생기기 시작했다. 의사, 작업치료사, 간호사, 물리치료사라는 다양한 직업에 대해 찾아봤다. 피를 보는 것도, 주사를 맞는 것도 싫어하는 나에게는 단 한 가지 물리치료사라는 직업이 가장 탁월했다.

#전교 꼴등

고등학교 때 내 성적은 매번 뒤에서 세 번째였다. 수업은 재밌고 흥미 있었지만 나를 평가하는 중간고사, 기말고사는 너무 싫었다. 공부의 편식이 심해 좋아하는 과목만 공부해서 성적의 차이가 너무 나는 것도 문제였다. 그래서 나는 수학과 영어 그리고 이과 과목으로 원서를 넣을 수 있는 학교에만 지원하기로 했다. 매일 교무실로 가서 선생님께 면담을 요청하니 선생님은 내가 갈 수 있는 학교를 선별해 주셨다. 그리고 선생님께서는 전문대학교 박람회가 있으니 친구와 함께 다녀오라고도 했다. 박람회에 방문하고 깜짝 놀랐던 건 원서가 모두 무료였다는 점이다. 집에 손을 벌리지 않고 원서를 넣을 수 있다니! 이건 나로서 가장 기쁜 일이었다. 그래서 기회다 싶어 물리치료과가 있는 모든 학교에 지원서를 냈다. 박람회에서 지원하고 온 전문대학교는 모두 면접이 필수였다. 그리고 학교에서 4년제 2군대에 지원서를 내고 마무리했다. 대전, 대구, 충북, 경북 안 간 곳이 없을 정도로 모든 학교를 돌고 돌았다. 많은 곳에 원서를 넣었지만 대학에 떨어질까 걱정이 많았다. 그래서 수능 공부도 병행했다. 방학과 주말에는 출근하는 엄마 차를 타고 아침 8시에 도서관에 도착해 공부했고, 저녁 10시에 데리러 와주시는 아버지의 차를 타고 집으로 왔다. 시험이 나를 평가한다는 생각보다 나의 꿈을 향한 길이라고 생각하니 오히려 공부가 재밌었다.

#첫 번째 소원

대학교 발표를 기다리던 어느 날, 별똥별이 떨어진다는 이야기를 듣고 엄마와 마당에 돗자리를 깔고 누웠다. 별똥별만 떨어지기를 오매불망하며 두 손을 모았다. 심장은 두근거렸다. 어두컴컴한 밤, 바람은 살랑살랑 불었다. 껌딱지처럼 엄마 옆에 붙어 있어서 느껴지는 온기 때문이었을까. 평소보다 덜 춥고, 따뜻하게 느껴졌던 날씨. 마치 가을처럼 느껴졌다. 하늘에는 수많은 별이 반짝이고 있었다. 나는 하늘을 보면서 엄마에게 "별똥별 봤으면 좋겠다. 11시인데 왜 안 떨어지지?"라고 말했는데, 그 찰나에 별이 "슝~" 하고 떨어졌다. "별님 제발 대학교 붙게 해주세요!" 서둘러 말했다.

엄마도 "저기 떨어진다. 딸 덕분에 별똥별도 보네, 진짜 붙었으면 좋겠다." 하고 우리는 바로 일어나지 못하고 그 자리에서 10분간 멍하니 하늘만 보았다. '붙었으면 좋겠다. 정말 나의 마음이 전달되었을까? 내가 별똥별을 보다니, 그것도 직접 내 눈으로, 이 소중한 걸 엄마랑 함께 볼 수 있었다니' 속으로 생각했다. 그 덕일까? 수능 보기 전 다행히 많은 학교에 합격했다는 연락을 받았다. 엄마에게 곧바로 연락해 "엄마, 나 합격했다고 연락 왔어. 나 물리치료과 들어갈 수 있대!"라고 말했다. 그날 별똥별을 함께 봤던 엄마에게 그 기쁨을 제일 먼저 주고 싶었다. 4년제와 전문대 어느 학교든 내가 선택할 수 있는 기회가 많아졌다. 나는 사회생활을 빠르게 하고 싶어 전문대를 선택했다.

꿈꾸던 대학 라이프

#대학 수업

대학교 수업은 이론 수업 후 꼭 실습 시간을 가져 실기 시험이 많았다. 주로 해부학 수업(우리 인체의 뼈, 근육을 배우는 과목), 뉴렉 슬링 수업(노르웨이에서부터 유래된 기법으로 슬링을 사용하여 치료를 진행하는 것이며 뉴렉은 근신경계활성화를 목적으로 하는 치료기법), 전기치료(전류를 직접 인체에 통하여 생체반응을 일으킴으로써 치료 효과를 높이는 물리요법) 등을 배웠다. 방학 때는 세명대학교에서 주최하는 카데바

실습(카데바는 실제 연구 목적을 위해 기증된 해부용 시신으로 하는 실습)에 참여했다. 의과생이 미리 해부해 둔 시신이라 근육과 뼈를 편하게 만지고 볼 수 있었다. 시신 냄새가 심해 못 참고 뛰쳐나갈까 봐 걱정했지만 다행히 냄새가 심하지 않았고, 처음 보는 시신에 징그러울 줄 알았는데 그렇지 않았다. 그저 모든 근육을 빨리 들춰보고 싶은 생각뿐이었다. 속으로 '감사합니다 조심스럽게 실습할게요'라고 계속 말했다. 누군지 모르는 고인이 있었기에 이런 실험을 할 수 있다는 것에 감사했다. 근육이 어떻게 어디로 붙어 있는지, 근육의 모양이 어떻게 생겼는지 자세히 볼 수 있었다. 제일 신기했던 것은 근육의 결이었다. 닭가슴살에 있는 결처럼, 근육도 쫘악~찢어질 것처럼 결이 나 있었다. 카데바실습 후에 나에게 많은 변화가 생겼다. 근육 공부를 할 때 근육의 결 모양이 머릿속에 떠올라 이해하는 데 편해지고, 뼈의 구조가 어떻게 생겼는지 생각나서 움직임을 이해하는 데 처음 보다 쉬워졌다. 이외에도 다양한 수업을 들으며 학부 시절 전공을 배운다는 기대감과, 사례를 주었을 때 스스로 운동 방법을 만들 수 있는 성취감을 느낄 수 있었다. 그리고 교수님들과 함께 소통하며 학부 생활을 하면서 새로운 소망이 생겼다. 만약 내가 교수가 된다면 학생들이 부담 없이 찾아와 시끌벅적한 교수의 방으로 만들 것이다. 학생들이 자신의 고민을 눈치 보지 않고 편안하게 이야기할 수 있는 친구 또는 엄마 같은 교수, 농활 프로젝트를 하면서 어르신들께 운동도 알려주는 동아리를 만들어 학생들에게 다양한 경험을 심어주는 교수가 되고 싶다. 진로를 고민하는 학생들에게 물리치료사라는 직업의 의미와 방향을 잡아 줄 수 있는 고민 상담소가 되는 것을 소망한다.

#우리 집은 부자

대학생 시절, 엄마 차 타고 오랜만에 드라이브를 하고 있었을 때 엄마에게 말했다.

"엄마, 나도 빨리 돈 벌고 싶어 졸업 언제 하지?"

"지금이 좋을 때야, 그렇게 빨리 돈 벌고 싶어?"

"응."

이렇게 대화한 게 어제 같은데 시간이 많이 흘렀다.

학창 시절에도 집에 있기 싫어 기숙사를 선택한 나

였다. 대학교에 들어가니 주말에는 아르바이트, 평일에는 학교생활을 하는 친구들에 비하면 안정적으로 받는 용돈으로 먹고 싶은 것을 맘껏 먹고, 사고 싶은 옷도 걱정 없이 사면서 친구들이랑 마음껏 놀고 복에 겨운 줄 모르며 살았다. 돈에 연연하지 않고 정말 편하게 살아서 돈 버는 것이 쉬운 줄 알았고, 우리 집이 부자인 줄 착각에 살았던 나의 대학 생활이 끝났다.

사회로의 한 걸음

#열정 넘치는 일 년 차

졸업과 동시에 3군대의 면접을 봤지만 운 좋게 골라서 갈 수 있었다. 재활병원이 환자군의 대상이 다양해 폭넓은 지식을 쌓을 수 있고, 교육이 체계적으로 잘 되어 있었다. 그래서 재활병원으로 가는 것이 좋겠다 싶었고, 서울과 인천 중 어느 지역을 선택할까도 수없이 고민했다. 첫 사회생활이긴 해서 일도 중요하지만 여가 생활도 고려해야만 했다. 서울에서 일하면 퇴근 후 반짝이는 등불 아래서 늦게까지 놀 수 있을 것 같았고,

인천이라면 본가를 편하게 갈 수 있다는 장점이 있었다. 어느 쪽도 다 좋다 생각했는데 그래도 병원의 장단점과 본가의 위치를 고려해 인천의 재활병원에 취업하기로 정했다. 그 병원이 인천에는 몇 개 없는 로봇치료실이 운영되고 있고, 신입 대상으로 교육이 체계적으로 되어있어 배울 것이 많아서였다. 역시나 환자군의 대상이 다양해 폭넓은 지식을 쌓을 수 있었고, 교육이 체계적으로 잘 되어 있었다. 사회에 나오기 전 다른 병원에서 실습을 하면서 transfer(환자 이동)와 기구치료를 배운 덕에 빠르게 환경에 적응할 수 있었다. 나와 같은 병원에서 실습하고 온 친구도 빠릿빠릿했다. 뭐든 척척 잘 해내고 있는 스스로에게 대견했고, 신입이지만 야단칠 게 없었을 거라고 우쭐했다. 첫 환자를 치료할 때는 ROM(관절가동범위를 위해 굽힘, 폄, 벌림의 움직임을 만들어내는 것), 스트레칭, 간단한 근력운동을 해드렸다. 근육 Contact(닿다, 접촉), 관절 ROM 할 때 학교에서 한 실습 덕분에 자신감 있게 할 수 있었다. 입사한 지 1달이 되었을 때 환자와 보호자가 나에게 "3년 차 정도 됐죠?" 하는데 그 말을 듣고 나는 기분이 묘했다. '내가 그 정도로 열정적이었나? 꽤 잘하나?' 속으로 생각하며 좋아했다.

#내가 못마땅한 위 연차

하지만 일은 고되었다. 종일 일하다 보면 어느새 등에서 땀이 주르륵 흐르고, 긴장한 탓에 손에서 땀 그리고 겨드랑이에 땀이 흘러 팔 들기가 민망할 정도였다. 집에 들어가서 씻지도 못하고 그대로 뻗는 날도 많았다. 일을 빠르고 쉽게 끝내는 날 보고 상사는 "화장실 가는 시간 아니고, 기구 치료 준비 시간이에요.", "물 먹는 시간 아니에요. 환자 뒤에 서 있으세요." 하고 이야기한다. 쉬는 시간 고작 5분, 그 5분 사이 치료 준비 마치고, 다른 상사에게 이야기하고 다녀온 건데, 그런 말을 들으니 조금 억울했다. 속으로 '얼마나 내가 잘하면 그런 걸로 꾸짖나, 일 못하는 척할 걸 그랬나'라는 생각이 들었다.

#공장 같은 병원

아침 6시 30분에 일어나 7시 40분까지 출근한다. 7시 45분부터 치료실 기구와 매트 정리를 한다. 8시에 조회가 시작되고 8시 30분부터 17시 30분까지 30분씩 치료가 이어진다. 그사이 쉬는 시간은 5분마다 주어진다. 하지만 5분의 쉬는 시간은 신입인 나에게는 없는 시간과 다름없었다. 그 시간조차도 무언가 해야 했다. 그나마 12시 30분부터 13시 20분까지 교실 같은 곳에서 동기 선생님들과 쉴 수 있게 해줘서 숨통이 트였다.

8시 25분, 우리는 문 앞에서 "치료실 개방하겠습니다."를 외치고 환자들이 들어오는 것을 도와준다. 8시 30분 이제부터 시작이다. 30분 단위로 쉬는 시간 없이 기구치료 시간, 전기치료 시간이 이어지며 엉덩이를 붙일 수 있는 시간은 점심 12시 30분이 되어야 한다. 이리저리 뛰어다니며 쉬는 시간은 0.00001초도 되지 않는다. 그리고 점심시간이 끝나고 13시 25분이 되면 우린 또 "치료실 개방하겠습니다."로 오후 환자들을 맞이한다. 우여곡절 정신 차리면 17시 30분. 퇴근 후에는 교육이 시작되고 끝나면 저녁 8시, 집에 도착하면 9시다. 핸드폰을 충전하려고 보면 배터리는 80퍼센트다.

핸드폰조차 볼 시간이 없어 배터리가 그대로 유지 되는 것이 신기했다. 어느 날은 퇴근하고 집에 와 화장실 간 게 처음인 날도 있었다. 씻고 누우면 10시, 눕자마자 그대로 잠이 들고 눈을 뜨면 출근 시간이다.

#나만의 충전기

일은 고되지만 "팔이 들려요.", "침대에서 혼자 일어났어요.", "쪼그려 앉았다가 일어나는 게 안됐는데 되요.", "저 혼자 숟가락 써서 밥 먹었어요.", "젓가락으로 콩 집기 했어요.", "한발 서기가 안 되었는데 되요.", "눈 감고 서면 흔들렸는데 이젠 괜찮아요.", "화장실 혼자 다녀왔어요.", "휠체어 혼자 끌고 밖에 나갔다 왔어요.", "머리 감고 세수도 했어요.", "혼자 양치했어요.", "선생님 주려고 편지 썼어요." 환자들의 이런 이야기를 들을 때마다 에너지가 생겨난다.

#수면제

매년 병원에서 교육비 20만 원을 지원해 주는 것으로 심장 호흡 물리치료 교육 고급 과정과 대한 로봇 물리치료학회에서 열리는 교육을 들을 수 있었다. 전문대를 나왔기 때문에 조금 더 배우고 싶어 일하면서 할 수 있는 가천대 평생교육원을 통해 일반학사를 취득했다. 환자의 극심한 통증, 이유 없는 통증으로 치료하는 방향을 잡지 못해 관련 교육도 들었다. 나의 궁금증을 해소하고 환자에게 도움이 되려 노력했다. 일에 대해 배우고 싶은 것들을 배우다 보니, 점차 고민이 많아졌다. 학사를 취득했으니 대학원을 갈까, 대학원에 가서 뇌졸중 환자 대상 또는 시니어 대상으로 운동 중재 효과에 대한 논문을 써서 누군가 앞에 당당하게 강의를 해볼까. 많은 생각을 했다. 그러나 '내가 과연 논문을 쓸 수 있을까, 등록금이 천만 원이 넘는데 감당할 수 있을까, 직장을 다니면서 내가 병행할 수 있을까, 영어도 할 줄 모르는데 영어 논문을 찾고 해석할 수 있을까, 내가 강의 또는 교수 활동을 할 수 있을까' 걱정만 쌓여갔다.

나만 이런 고민일까. 제자리에 머물기 싫어 돈을 쓰

면서 무언가를 하려 하지만 목표가 없어 이리저리 흔들렸다. 무엇을 할까 고민만 1년을 했는데도 시작 전에 걱정하는 마음이 많아 모든 걸 놓아버렸다. 생각 정리가 되지 않을 때는 잠을 설쳤는데, 그러다 생각조차 하기 싫어 수면제를 먹고 잠만 자는 날도 있었다.

#선 넘는 환자

치료실에서 환자를 1:1로 치료하는 시간은 30분이다. 하필 치료받는 환자가 적어 치료사가 나 포함 2명이었던 날이었다. 환자의 체형은 건장한 190cm, 손이 부담스러울 정도로 크고, 까끌까끌한 피부였다. 능글맞은 얼굴을 하고 있는 70대 환자였다. 환자는 은근슬쩍 나의 허벅지를 만졌다. 나는 "만지지 마세요, 불필요한 터치는 하지 마세요." 단호하게 말하고 "이제 복도로 나가요." 하며 시선이 많은 곳으로 가서 보행 운동(걷는 운동)을 했다. 단호하게 말해도 그 환자는 느꼈을 거다. 내 목소리에서 나오는 떨림을. 나는 그 떨림을 들키고 싶지 않았다. 그래서 더 단호하고 퉁명스럽게 말하려 노력했다.

어느 날 환자는 나에게 쇼핑백 하나를 건넸다. "어이, 야, 이거 가져가." 그 안에는 양말 뭉텅이와 담배 한 갑이 들어 있었다. '여성용 양말이라는 단어 그리고 담배 한 갑은 뭘까?' 기분이 좋지 않았다. 평소 같았으면 당황해서 눈물이 나올 텐데, 이날은 눈물조차 나오지 않았다. 이 환자가 나에게 가까이 다가오면 숨이 턱 막히고 눈도 마주치지 않으려 했다. 그 사람의 행동은 다음 선생님에게 더 심해졌다. 복도에서 갑자기 손목잡기, 치료하다가 가슴 터치, 엉덩이 건드리기, 손이 굉장히 자유분방했다.

갑자기 엉덩이를 툭 건드리는 사람, 손잡아 달라는 사람, 한 번만 안아달라는 사람, 말은 못 해도 행동으로 가까이 다가오는 사람. 이 이상으로도 선을 넘는 사람들이 많았다.

#잘못된 대처방식
좋지 않은 일들을 겪고 파트장님께 이야기를 하고

있는데 실장님이 듣고 옆에서 "그 환자, 인지 떨어져서 작업 치료받지 않아?"라고 말했다. 인지가 떨어지면 그런 짓을 해도 된다는 소리인가. 내가 한 번의 일로 지금 속 좁게 말하고 있는 줄 아냐며 속으로 중얼거렸다. 파트장님께서는 "그 시간에 그 사람이랑 부딪히는 거는 좀 그러니까 그 시간 아래층 기구치료를 가고, 환자한테는 치료 시간표가 바뀌어서 그렇다고 직접 설명 잘해."라고 말했다. 내가 겪고 내가 수습해야 하는 직장이었다. 그 일을 겪고 그 사람 근처에도 가고 싶지 않았지만 해야 했다. '어떻게 이야기를 해야 하지? 병원에 피해가 가면?' 많은 생각에 밤잠을 지새웠다. 어쩔 수 없이 다음날 치료 시간에 "OOO 님 내일부터 제가 아래층 기구 담당으로 가서 치료사가 바뀔 거예요. 근데 OOO 님 다른 선생님께는 손짓하지 마세요."라고 전했다. "내가 만져서 다른 곳 가는 거야?"라고 묻는다. 이 말을 듣는 순간 눈앞은 아무것도 보이지 않고 머릿속은 무언가로 맞은 듯했다. 나는 그대로 말을 잃었다.

#무시하는 보호자 이기기

어느 환자의 보호자는 첫날 나를 보자마자 "어휴, 제 남편 치료할 수 있어요? 걷게 할 수 있나? 키도 작은데 할 수 있을까 모르겠네, 선생님 바꿔주면 안 돼? 왜 이런 선생으로 해줬어." 이야기했다. 나는 "이런 말씀 저에게 해도 되지만, 다른 선생님들께는 이런 말씀 안 해주시면 좋을 거 같아요. 처음 보고 이런 말씀하시는 거 실례되는 말이에요." 하고 계속 치료를 진행했다. 주변에 있던 직급자 선생님 두 분은 보고만 있었다. 치료 시간 내내 '왜 아무도 보호자한테 뭐라고 하지 않지?, 원래 이렇게 하는 건가? 나 뭐 잘못했나?' 나 혼자 신경 쓰였다. 치료 끝난 후에도 아무 말이 없었다. 일주일 뒤 환자는 완벽하지 않아도 나의 도움을 받아 치료실 반 바퀴를 걸었고, 보호자는 조그마한 목소리로 "내가 치료사를 무시했네, 기분 나쁘게 했어." 중얼거렸다. 그리고 나를 믿는 듯한 눈으로 다른 보호자에게 가서 "가을 선생님 치료 잘하시네!"라고 큰소리를 이야기해 치료실에 있는 모두가 나를 쳐다보는 부담스러운 일도 있었다.

#받아들인다

또 다른 어느 날은 치료실에서 걸어가고 있는데 휠체어를 탄 환자가 내 엉덩이를 툭-하고 건드렸다. 처음에는 보호자가 미안해했지만 나중에는 대수롭지 않게 여겼다. 이 일이 반복되어 직급자에게 말했지만, "상습적인 분이기도 하고 말해도 달라지는 건 없으니까 선생님이 조심해."라고 답변이 왔다. 일 년 차인 나는 그 말을 그대로 받아들였다.

퇴사하겠습니다

#우물 안 개구리

    우물 안 개구리가 되기 싫고, 치료사보다 환자가 우선인 곳이 싫었다. 때마침 원하는 병원의 공고가 떴다. 북한산 가는 길에 있는 큰 병원의 준공무원 자리였다. 이때다 싶어 자기소개와 이력서를 준비해 넣었다. 서류 합격 후 면접을 보러 갔다. 30분 일찍 도착해 병원 주변 산책을 했다. 공기는 상쾌하고, 새소리가 들려오고, 냇가에는 청둥오리가 둥둥 헤엄치고 있었다. 면접 대기실에는 거의 30명 정도의 사람들이 있었다. 어디

선가 모르게 느껴지는 오라를 풍기는 사람들. 나는 날개를 펴보지도 못했다. "김호석 님, 이선호 님, 김지수 님, 가을 님 준비해 주세요." 듣자마자 머릿속은 하얗게 질려 자기소개를 까먹었다. 긴장한 탓에 손은 축축해지고, 계속 손을 꼼지락거렸다. 나오면서 확신했다. '나 떨어졌다.'

한 번의 기회는 다시 오겠지 하며 기다렸다. 가을에 다시 공고가 올라왔다.

요번에는 원서를 넣자마자 거울 앞에 의자를 놓고 앉아 자기소개 연습을 2주간 했다. 거울에 비친 내 얼굴이 민망하고 내 눈을 똑바로 바라보는 게 어색했다. 녹음기를 켜도 내 목소리를 들어보면서 연습했다. 인형을 면접관으로 삼아 내 앞에 놓고 말하는 연습도 했다. 면접 당일 1시간 30분 전에 도착해서 점심을 먹고 면접에 들어갔다. 두 번째 와서 그런지 처음보다 떨림은 적었고, 조금 더 편안하게 주변을 보게 되었다. 저번처럼 면접장으로 들어가는 순서대로 이름이 호명되었다. 묘하게 가슴이 덜 떨렸다. 빨리 면접을 보고 내 이야기를 하고 싶었다. 면접 자리는 2번째. 분위기는 편안했다. 면접관도 우리가 긴장한 걸 느꼈는지 심호흡할 시간을 주면서 분위기를 풀어주었다. 내가 하고 싶은 이야기는 모두 전달하고 나왔다. 이때는 느꼈다. '나 희망이 있다.' 머릿속에 노을이 뜬 것처럼 멍하게 평온해졌다.

제주도에서 휴가를 즐기고 공항으로 가는 길에 오빠에게 전화가 왔다. "가을아 확인했어? 너 합격했던데?" 10초 동안 멍했고, 아무 말을 못 하고 전화를 끊었다. 다음날 출근해서 '건강검진 받으러 간다고 어떻게 말하지?' 고민하다 일단 서류를 보냈다.

#건강검진
따르르릉-

"건강검진 서류가 필수인데 오지 않았어요. 내일까지 보내주지 않으시면 입사 취소가 돼요. 좋은 기회인 만큼 빨리 가서 건강검진 받아서 제출하시면 좋을 거 같아요. 점심시간에도 시간이 안 될까요? 만약에 못하신다면 다음 사람에게 기회를 주어야 해서 포기서 작성을 해주셔야 해요."

"꼭 있어야 하는 것은 알지만 점심시간이 짧기도 하고, 업무도 있고 바로 서류를 주는 곳이 없어서 가는 게 어려울 거 같은데 혹시 이틀의 시간을 주시거나 입사할 때 제출하면 안 될까요? 부탁드립니다."

"네, 그건 어렵습니다."

"보고드리고 일정 조율해서 다시 연락드리겠습니다."

전화를 끊고 가서 말했다.

"죄송하지만 건강검진 서류를 제출해야 해서 내일 연차나 반차 부탁드립니다."

"알겠어."

이렇게 간단하게 끝나는 일이었나? 너무 쉬웠다. 건강검진을 받는다는 것은 퇴사를 하겠다는 말과 같다. 내심 기분이 좋았다. 여기서 나의 머릿속은 갑자기 시끄러워진다.

"제가 좋은 기회가 생겨서 이직하게 되었어요~ 그동안 치료 잘 받아주셔서 감사합니다."

"선생님 만나서 저희 남편이 앉고, 서는데… 저희 남편 혼자 일어나는 거까지만 하고 가 주시면 안 될까요? 선생님 덕분에 이제야 희망을 봤는데….”

"아니에요. 다른 선생님들이 저보다 훌륭하시니 괜찮아요. 걱정하지 마시고 지금처럼만 하시면 돼요."

'정말 나 때문에 좋아진 걸까, 내가 계속한다고 지금보다 더 좋아질까, 이 환자만 치료하고 퇴사해야 하나?' 진정되었던 나의 뇌 속은 다시 파도를 만난 듯 울렁거리며 복잡해지기 시작했다.

퇴근 시간 시간표를 보는데 연차/반차 모두 처리가 되지 않았다. 상사는 나를 불렀다.

"그래서 진짜 갈 거야? 연차 써?"

'내가 말하지 않았냐 간다고, 왜 나 때문에 시간표 수정을 다시 하게 되는 불상사를 만들게 하는 거지, 어떻게 하지' 당황해서 아무 말도 못 하고 속으로 중얼거렸다.

눈치를 많이 보는 나는, 나 때문에 분위기가 망가지고 불편해지는 것을 싫어해 내가 희생하는 편이다. 결국 나는 "안 간다. 제가 아까 말씀드리지 않았냐 간다고, 건강검진 하나 제출하면 돼서 부탁드린다고, 이렇게까지 하면서 가고 싶지 않다." 하며 박차고 일어났다. 이런 패기로 "퇴사하겠습니다"를 외치면 되는데 쉽지 않았다. 당당하게 내 의사를 밝히지 못하고, 줏대도 없고, 계획대로 되지 않아 스스로 화가 나는 나 자신이 답답하고 싫었다. 갑자기 눈물이 광광 흘러 멈추지 않았다. 그 후 1년 뒤 드디어 "퇴사하겠습니다"를 외쳤다.

#다른 사람이 보는 나, 내가 나를 보는 시선의 차이

내 직업에 만족을 하고, 국가고시에 합격한 내가 자랑스럽다. 국가고시에 붙기 위해 9월부터 3개월 동안 아침 7시에 일어나 8시부터 12시까지 밥 먹은 시간 1시간 30분 제외하고 공부에 매진했다. 남들보다 이해도 느리고 불안감이 컸기에 더 아등바등했다. 시험 기간 동안 매일 아침 독서실에 도착하면 사진을 찍어 교수님께 보내는 게 나의 루틴이었다. 그리고 병원에 취업해서 환자들에게도 인정받고 있어 만족한다. 근데 모르겠다. 남들은 나에게 "열심히 산다, 하루를 소중하게 산다, 가만히 있지 않고 매번 무언가를 한다." 이야기하지만 나는 아니라고 부정한다. 이 길이 맞을까? 뭐가 문제일까. 이 쥐꼬리만 한 월급으로 내가 10년 20년 내 몸을 혹사하면서 계속할 수 있을까?, 정년이 언제일까, 내 몸은 지금도 삭신이 쑤시는데 맞는 걸까. 블로그로 돈을 벌고, 부동산에 투자해 월세를 받으며 살고, 필라테스 강사가 되어 활동하고, 마켓을 열어서 떼돈을 버는 것이 수두룩하게 인터넷에 올라올 때면 나는 나 자신을 채찍질한다. 이런 고민이 쌓이고 쌓여 터졌다. 정말 다 놓아버리고 싶었고, 더 갈 길을 못 잡겠고, 아무도 나를 건들지 않았으면 좋겠고 이 길이 아니라 다른 길을 찾고 싶었다. 나 혼자 지쳐 매일 퇴근하고 잠만 잤다. 그때만큼은 아무 생각이 들지 않고 아무도 나를 건들지 않으니까. 토요일에 잠들고 눈뜨면 월요일이 되는 것을 3개월 반복했다. 남들보다 뒤처지는 듯하고 나만 나의 목표를 잡지 못하고, 나 혼자 만족한 게 없는 것 같은 두려움과 부끄러움에 아등바등 사는 나를 들키고 싶지 않았다. 힘듦을 다른 사람에게 털어놓고 싶지 않았다.

#남과의 비교

나는 목표가 뚜렷한 사람들의 이야기만 생각하는 경향이 있다. 공인중개사 자격을 취득해 28살까지 1억을 모아, 35살 전에는 자가를 갖는다고 했던 사람은 30살에 건물주가 되었다. 나만의 사업을 시작할 것이라는 친구는 고등학교 때부터 액세서리 판매의 목표로 웹디자인 학교에 들어가 20살부터 사업을 시작해 지금 연 1억을 버는 사업가가 되었다. 아버지의 사업을 물려받아 자신의 사업을 연다는 친구는 지금 26살에 자신의 집을 짓고 결혼하여 살고 있다. 물리치료사로 성공하고 싶다는 지인은 열심히 노력해 26살에 팀장의 직급을 달았다. 카페를 운영한다는 친구는 직장을 때려치울 정도로 수입이 좋아 카페 사장을 하고 있다. 목표가 뚜렷한 친구들 사이에서 나는 목표를 제대로 잡지 못하고 발버둥 치며 지금 겁만 내고 있다.

주변 사람들이랑 이야기를 하면서 사람들의 분위기를 많이 보는데 주식과 부동산에 빠삭한 사람들이 많았다. 모두가 주식 이야기로 떠들썩할 때 나는 아무것도 몰라 낄 수 없었고, 무지한 나머지 삼성 주식을 사라는 말에 가장 많이 올랐을 때 사는 바보였다. 나의 직장은

워라벨이 존중되는 병원으로 17시 30분이면 업무가 끝나 그 후에는 뭐든 가능했다. 그래서 사람들은 트레이너 또는 필라테스로 부수입을 벌었다. 핸드폰만 있으면 근무시간 외에 쉬는 시간에도 가능하고 시간과 장소 제약이 없는 블로그, 인스타그램 인플루언서 활동하는 것도 봤다. 그 사람들은 생활용품, 카페, 식당 등 협찬으로 해결해 식비와 생활비를 절약할 수 있다고 했다. 액세서리 사업을 시작한 친구는 플리마켓을 나가 이름을 알리기도 하고, 액세서리뿐만 아니라 소품들을 팔면서 해외에서도 수익을 내고 있으며, 올해는 가게를 내어 오프라인으로 판매하는 것이 목표라고 이야기했다. 필라테스 강사를 하고 있는 동창은 매일 다른 수업 내용을 짜고, 피드백하는 것이 어렵지만 다양한 사람들을 만나고, 운동을 통해 기뻐하는 회원을 볼 때 힘듦을 느끼지 못한다고 했다. 다양하게 일하는 사람들을 보면서 시간을 낭비하고 있는 나를 발견해 불안해지기 시작했다. 한 개의 직업이 아닌 다른 일로 부수입을 벌 수 있는 일을 찾아야 하는 게 맞는 건지 고민에 쌓였다.

혼자 떠난 여행

도전

#낮은 자존감

지금까지 나는 의사 표현을 분명하게 하지 못하고, 혼자 다니지 못하고, 싫은 소리 하지 못하고, 이유 없이 새벽만 되면 눈물이 나오고, 새로운 사람을 만나고 싶지 않고, 성추행, 성희롱, 면접, 나의 20년 뒤의 내 모습의 상상, 뚜렷한 목표가 없어 종착점이 보이지 않고, 혼자 할 수 있는 것이 없고 동떨어진 듯한 느낌을 받는 자존감이 낮은 인간이었다.

#갇혀있는 시야

집순이이자 배달 음식만 추구할 정도로 혼자 다니는 거 못하고, 새로운 사람들을 만나는 것이 어려웠다. 길을 걸을 때도 목적지를 설정해 앞만 보고 걷기 바빠 주변에 무엇이 있는지도 몰랐고, 똑같은 길을 걸을 때도 다시 길 찾기를 해야만 갈 수 있었다. 길을 걸을 때도 누군가 먼저 아는 척을 해야 알 정도다. 새로운 사람들을 만나면 무표정으로 있어 싸가지없다는 이미지로 낙인찍히기도 했다. 이런 여유 없고, 사람들 앞에서 말하지 못하는 내 모습을 보고 친구들은 "가을아, 너도 혼자 할 수 있는 게 있을 거고, 혼자 무언가를 한다는 게 큰 힘이 될 테니까 이제는 도전해 보는 것도 좋을 거 같아, 그러면서 사람 만나는 것도 조금은 편해지는 데 도움이 될 거야. 한번 도전해 보는 게 어때?" 이야기해 주었다.

내 주변 사람들을 생각해 봤다. 자신만을 위한 선물로 여행을 떠나는 사람, 매일 헬스장에 가는 사람, 쉬는 날에는 영화를 보러 가는 사람, 마라톤에 참가해 메달

받아오는 사람, 인기 많은 브런치 카페 가서 여유를 느끼고 오는 사람, 독서 모임이나 운동 모임으로 인연을 넓히고 오는 사람. 이렇게 혼자 무언가를 하는 사람이 많았다. '그래, 나도 해보자 여행 한 번 다녀오면 뭐든 해낼 수 있을 거야' 속으로 다짐했다.

#여행지 선택

내가 스스로 선택한 제주도의 여행. 해외는 도무지 엄두가 나지 않았다. 제주도 가기 6개월 전부터 계획을 세우고, 숙소를 잡고 온갖 걱정을 했다. '나쁜 사람을 만나면 어떻게 하지, 잠자고 있는데 문이 갑자기 열리면?, 비행기가 추락하면?, 납치를 당하면?' 떠나는 당일까지 걱정으로 잠을 제대로 잘 수 없었다. 혼자 여행을 다니는 사람들의 영상을 20개 이상을 봤다. 그 사람들의 공통점은 즐기고 도전에 대해 두려워하지 않고 설렌다는 점이다.

#시작의 두려움

제주도 향하기 6개월 전 제주올레길에 대해 검색하고, 올레길 코스마다의 숙소, 근처 밥집, 여성안전지킴이 서비스, 버스노선 등 모두 확인하고 예약했다. 제주올레길 영상을 보고, 거리뷰를 보고 또 봤다.

#배낭

제주올레길에 가기 2주 전 배낭을 구매해야 했다. 유튜브 10개 정도 보고 많이 추천해 주는 종로에 혼자 갔다. 종로역에 도착했지만 막상 가게에 들어가지 못했다. 손에서는 땀이 나고, 심장은 두근거려 10분이나 근처에서 서성였다. 들어가기 전에 네이버, 유튜브에 다시 검색해 가게 특징들을 보고 심호흡 3번 하고 들어갔다. 생각했던 것과 달리 아무 관심이 없고, 누가 직원인지 모르겠고, 냉철하고, 건성으로 대답하며 시선조차 주지 않고 무시하기 시작했다. 나는 그 자리에서 얼어버렸다. 아무 생각 없이 두리번거리기만 했다.

무엇을 봐야 하고, 무엇을 물어봐야 할지도 몰라서 아무 말도 못 하고 가방만 만지작거리다가 나왔다. 어느 가게는 밥 먹어야 한다고 내쫓고 문을 잠가버렸다. 결국 빈손으로 터덜터덜 지하철로 가면서 쿠팡으로 배낭을 주문했다. 나만 이런 걸까, 정말 먼 길을 달려왔는데 결국은 또 택배를 선택했다. 이런 내가 제주 올레길을 완주를 할 수 있을까, 어떻게 혼자 지내지 하며 또 속으로 답답해하고 걱정만 쌓여갔다.

#짐

짐을 쌌다. 걱정스러워 많은 짐을 넣다 보니, 가을이라 쌀쌀해서 아우터를 가지고 가야 하는데 들어갈 자리가 없다. 짐을 풀고 넣고 반복하며 공간을 만들었다. 옷은 반팔 3벌, 레깅스 3벌만 챙겼다. 다행히 근처 빨래방이 있거나, 세탁을 해주는 숙소를 잡아서 옷은 많이 들고 가지 않아도 괜찮았다. 잠옷을 중요하게 생각하지만, 짐을 최소한으로 하기 위해 반바지와 반팔로 선택했다. 그 외 핸드폰, 충전기, 보조배터리, 지갑을 챙겼다. 올레길을 하는 나에게 화장을 사치라 선크림과 립만 챙겼다.

#걱정 인형

비행기 타기 전, 걱정 때문에 2시간 정도 잤다. 당일 오빠가 공항까지 데려다준다고 했다. 아침 6시 정도의 비행기라 어떻게 가야 할지 막막했는데 덕분에 걱정 없이 갈 수 있었다. 어렸을 때부터 나에게 이상한 증상이 있다. 집을 떠난다는 생각, 가족과 멀어지는 순간에는 꼭 나도 모르게 눈물이 흐른다. 이날도 똑같이 차 타고 가는데 나도 모르게 눈물이 주르륵 흘러 버렸다. 오빠에게 들키지 않으려 하품하는 척하며 출발했다. 공항에 도착해 오빠는 "조심해서 다녀와, 도착하면 카톡 하나 남겨주고, 부모님께도 연락드리고" 이 말이 내심 감동이었다. 오빠 동생이긴 하구나 나를 싫어하는 줄만 알았는데 그건 또 아니었구나 싶었다.

공항에 도착해서 탑승하러 가야 했다. 하지만 어디로 가야 하는지 몰라 그 자리에서 멍해 버렸다. 혼자 두

리번두리번 갑자기 코끝이 찡해졌다. 마침 근처에 직원분이 있어 "혹시…. 제가 처음이라 그러는데 비행기 타려면 어디로 가야 하죠…?" 했더니 친절하게 알려줬다. 알고 보니 한 층만 더 올라가면 되었다. 무사히 보안대를 지나 비행기 탑승구까지 걸어갔다.

내가 출발한 날은 수요일. 사람이 바글바글했다. 평일이고, 수요일이니까 사람이 없겠거니 생각했는데 다들 어디를 가는 걸까, 가족과 함께하는 사람보다는 혼자 있는 사람이 많았다. 헤드셋을 끼고 노래를 들으며 여유로운 표정을 하고 있는 사람, 노트북으로 업무를 보는지 바쁘게 타자를 치고 있는 사람, 비행 탑승 시간이 늦었는지 급하게 뛰어가는 사람. 퇴사하고 온 나는 앉아서 사람 구경하는 게 즐거웠다. 에어팟을 끼고 사람들을 구경하면서 '나는 퇴사자야. 아무 걱정 없이 지금 여행을 즐길 예정이야. 너네는 무엇을 하고 있어? 나는 지금 너무 행복해. 이래서 돈 많은 백수를 많은 사람들이 소망하는 건가 싶기도 하고, 이대로 계속 놀고 싶고, 되게 마음이 이상하게 편안해 부럽지?' 하며 뛰어다니고 싶기도 했다. 하지만 마음은 비행기 타고, 내려서 올레길을 시작할 때까지 무슨 일이 생기면 어쩌나

하는 걱정만 하는 걱정 인형이었다.

꿈같았던 여행

2022년도 10월 12일, 넓고 항상 하늘이 파랗고 맑을 것이라는 환상을 가슴에 품고 제주로 향한다. 웃는 얼굴로 여유롭게 걸으면서 하늘도 올려다보고, 끝이 보이지 않는 바다의 소리를 배경으로 멍때리는 제주 여행이다.

#10월의 어느 날
넓은 바다 그리고 파란 하늘, 초록초록한 나무들이

가득했다. 10월이지만 춥지 않고 따뜻한 햇살이 기다렸다는 듯이 나를 반겨줬다. 나는 햇살과 함께 길을 걸었다. 나의 큰 배낭을 보고 지나가는 사람들은 백패킹 하러 왔다고 자기들끼리 수군거렸다. 이런 관심이 부담스럽지도 했지만, 오히려 낯선 곳에서 관심을 받으니 괜히 내가 멋있는 사람이 된 듯했다. 더 위풍당당하게 걸음을 옮기는 나를 발견했다. 올레길을 시작하고 처음 마주한 바다는 삼양해수욕장이다. 하늘이 파래서 그런지 바다도 파란색으로 반짝였다. 끝이 보이지 않는 바다를 보자마자 '하-' 하며 크게 숨을 쉬었다. 멍하니 바다를 바라보고 있는데 내가 혼자 왔다는 게 믿기지 않았다. 이렇게 잔잔한 곳에 오기 전까지 왜 그렇게 겁내고, 걱정을 했는지 모르겠다. 이제 여기서는 나 혼자 있구나, 아무도 나를 모르고 아는 사람도 없는 이곳에서 파란 하늘을 보니 속이 펑- 하고 뚫렸다. 여기는 나의 세상, 내가 무엇을 하든 터치하는 사람도 없는 이 소중한 공간, 나의 꿈을 맘껏 생각하고 열린 마인드 셋으로 지낼 수 있겠구나 싶었다.

#밥

제주도 오기 전에 혼자 밥 먹는 걸 연습하고 올 걸 그랬나. 밥 챙겨 먹기가 어려워 3일은 편의점에서 간단하게 우유로 때웠다. 이대로는 안 되겠다 싶어 혼밥 하기로 했다. 하필 다짐한 다음 날 코스는 포구 쪽으로 걷는 길이라 식당이 없었다. 결국 강제로 굶고 숙소에서 우유로 때웠다.

5일 차가 되어 드디어 혼밥을 하게 됐다.
"안녕하세요. 혼자 왔는데 식사가 가능할까요?"
"2인분부터만 받아요."
첫 도전의 첫 거절. 말투부터 차가운 제주도 식당. 집 나오면 개고생이라는 말이 떠올랐고 낯선 곳에서의 첫 거절이라 그런지 나도 모르게 눈에서 눈물이 흘렀다. 이날은 숙소에 돌아와 스타벅스에서 허기를 달랬다. 다음날에 다시 도전했다.
"안녕하세요, 혼자 왔는데 식사 가능할까요?"
"네, 가능한데 오천 원 더 받고 있어서 만 오천 원입니다."

"네…."

나는 너무 당황했지만, 배가 너무 고파서 알겠다고 대답했다. 뚝배기에 나오는 하얀 국물을 가진 전복탕이었다. 숟가락으로 국물을 떠서 먹었다. 하얀 국물에서 느껴지는 얼큰함이 끝이었다. 내가 이렇게 맛없는 걸로 배를 채우다니 괜히 화가 단단히 나버렸지만 내색하지 못했다.

"계산해 주세요, 근데 왜 오천 원을 더 받으시는 거예요?"

"음식물이 여러 명이 먹을 때보다 많이 나와서 더 받아요."

"아. 네."

그래도 6일 만에 나는 성공했다. 혼자 밥 먹는 거. 기분은 별로 좋지 않았지만 퀘스트를 깬 것 같은 느낌이었다.

#아담한 카페
숙소 근처 조그마한 카페를 발견했다. 반갑게 맞이

해 주는 사장님과 강아지. '찾았다. 나를 반겨주고 편안하게 해주는 곳' 기분이 좋았다. 커피와 쿠키 모두 맛있어서 당 충전도 확실하게 했다. 숙소에서 머무는 동안 매번 오고 가면서 사장님과 이야기하며 지냈다. 사장님이 카페를 하게 된 이유는 강아지를 혼자 있게 하는 시간이 많아 같이 있고 싶어 시작했다고 했다. 반려견을 생각하는 사장님의 마음은 너무 따뜻했다. 사장님은 자신의 일과를 이야기해 주면서 쿠키도 주고, 저녁에는 함께 밥도 먹었다. 처음 저녁을 같이 먹을 때는 불편함이 있었지만, 이야기를 하면서 먹으니까 오래된 동네 친구 느낌이었다. 외롭게 일주일을 보낸 탓에 사장님과의 저녁은 따뜻했다.

#곶자왈

평온하게 마을 길을 걷다가 마주하는 아무 인적 없어 보이는 곶자왈을 걸었다. 그래도 코스니까 사람 한 명 정도는 있겠거니 했지만 보이지 않았다. 산속에서는 들짐승 소리만 들려왔다. '갑자기 짐승이 나에게 달려오면 어쩌지, 고라니가 튀어나오면 어쩌지' 걱정하며 걷고 있는데 내 몸통만 한 한 새가 내 앞을 지나간다. 몇 초 얼어 움직일 수 없었다. 되돌아갈까, 뛰어갈까, 온갖 고민을 하다가 그냥 뛰었다. 잠깐 숨을 고르기 위해 멈췄는데 내 앞에 깡마른 아저씨가 걸어오고 있었다. 흰색 수염이 길게 늘어져 있고 하얀색 옷을 입고 있어 산신령 같은 모습이었다. '거짓말, 나 혹시 기절했나?' 싶어 눈 한번 비비고 다시 봤지만 점점 사이가 가까워졌다. 또 한 번 심장이 잠깐 멈췄고 통화하는 척 아무렇지 않게 걸어갔다. 하지만 속으로는 '저 사람이 나를 따라오면 어쩌지?, 검은 봉지로 내 얼굴을 덮으면 어쩌지?' 상상의 나래를 펼치면서 혼자 오싹해져 뛰었다. 뛰고 나니 조금씩 빛이 보였다. 도착한 곳은 오설록 근처였다. 끝까지 포기하지 않고 달려오니까 예쁜 곳이 눈앞에 보이나 보다. 한숨을 놓았다. 역시. 모든 길에는 예쁜 끝이 있으니 포기하지 말아야겠다. 오설록을 도착하기 전까지 온갖 생각을 하고 덜덜 떨었던 내 모습이 너무 웃겼다.

#아주머니의 만남

또 다른 곶자왈을 지나 정상에서 아주머니 두 분을 만났다.

"아가씨 지금 여기를 혼자 올라왔어? 여기 주민인 우리도 혼자 안 다녀, 둘이라 올라왔지 여기 올라오면서 나무들이 웅장해서 빛이 안 들어와서 어두운데 무섭지는 않았어? 주변이 묘지라 위험해 다시 내려가!" 하면서 귤 하나를 손에 쥐어 주셨다.

당 떨어지는 중이었는데 잘 됐다고 생각하면서 냉큼 받았다. 받은 동시에 인생 이야기가 시작되었다. 두 분은 고향 친구 서울에서 교사 생활하고 정년퇴임 후 제주로 이사 왔다고 했다. "20대에는 공부, 일, 놀기 맘껏 해. 그때만 즐길 수 있는 것들은 다양하게 경험해, 그때만 할 수 있는 거야, 나는 어렸을 때는 아가씨처럼 돌아다니는 친구들을 보면 부럽기도 했어, 애인은 있고? 다 즐겨 혼자 다니면서 이 사람 저 사람 다 만나봐, 꿈을 크게 가져, 할 수 없는 일도 할 수 있게 하는 것이 20대니까!" 많은 이야기를 해주셨다. 20대라 꿈을 꿀 수 있고 겁 없이 도전할 수 있는 거라고, 하기도 전에 걱정과 겁에 질려 포기하지 말라고 말이다. 내가 지금 올레길을 걷는 것조차도 패기가 있어서 가능하다는 생각이 들었다. 매일 친구를 만나면 같은 마을에 단지를 만들어 같이 바비큐도 하고 정겨운 마을을 만들어 살자고 이야기했는데, 현실이 되니 이제는 퇴직한 선생님처럼 함께 등산이라도 하며 지내고 싶다.

#아카자봉 프로그램

아카자봉이라는 올레길 프로그램에 참여하게 되었다. 혼자 가기 무서운 곳을 아카데미 자원봉사자와 함께 걷는 것이다. 많은 인원이 있어 조장의 역할이 필요했다. 인원 체크와 뒤에 처지는 사람이 없는지 확인하는 정도였다. "조장해 보실 분 손들어주세요." 나는 하고 싶었다. 하고 싶어 심장은 쿵쾅쿵쾅 뛰고 어쩔 줄 몰라 손가락은 줬다 피었다 반복했다. 할까 말까, 제대로 속도도 못 내고 처지는데 피해는 주지 않을까 하는 걱정에 다른 사람에게 넘겼다. 이렇게 걱정이 많은 내가, 대학 생활 과 대표는 어떻게 했는지 헛웃음만 나왔다.

제주 올레길을 통해서 부끄러워하지 않고 자신 있게 나의 의견을 표현할 수 있는 내가 되고 싶었다. 다른 것을 시도할 때 두려움 보다는 해낼 수 있다는 자신감을 갖고, 부정적인 생각보다는 긍정적으로 낙천적으로 살아가며 즐겁게 해낼 수 있는 나 자신을 다시 발견하고 싶었다.

#다가가는 방법

아침 9시에 시작하는 제주올레길 7-1코스. 사람은 거의 10명, 나이는 모두 40세 이상이었다. 서로 인사만 나누고 출발.

"선크림 발랐어?"

"아뇨."

아주머니는 자신의 팔을 보여주는데 반팔 자국이 그대로 남아 있었다.

"이 자국 1년 됐는데도 안 없어지더라, 지금이라도 발라."

나는 너무 놀라서 "감사합니다." 하며 냉큼 받아 듬

뿍 발랐다.

선크림 하나로 말문이 트여서 걷는 동안 대화가 이어졌다. 하지만 나는 오랜만에 산을 타서 그런지 숨이 차서 헉헉거리며 한마디도 못 하고 쫓아가기에 바빴다. 중간에 한 언니는 가방에서 초콜릿을 꺼내 건네주고, 코스가 끝날 때쯤 다른 언니가 무인으로 판매하는 귤을 구매해서 양손에 쥐여줬다. 산 정상에 도착했을 때 언니들이 사진을 찍어주겠다고 아우성이었다. "막내 사진 찍어줘야지, 서봐." 하는데 부끄러워 얼굴이 후끈 달아올랐다. 아카자봉과 함께하는 올레길이 끝날 때 막걸리에 돼지국밥 먹는데, 나는 시간이 늦고, 술을 먹지 않아서 인사만 하고 아쉬움을 남긴 채 게스트하우스로 돌아왔다. 다 같이 사진을 찍고 싶었지만, 사진을 찍자는 말을 내뱉지 못해 추억을 남기지 못했다.

#게스트하우스 파티

올레길을 걸으면서 저녁 먹는 것이 너무 힘들어 게스트하우스에서 바비큐 파티를 한다고 해서 신청했다. 신청은 오후 4시까지 받았는데, 나는 3시 30분까지 고민 끝에 '가을 1명 신청합니다'라고 메시지를 보냈다. 직접 구워 줘서 먹기만 하면 되는 파티였다. 관계자는 인원이 부족해 파티 진행이 어려울 수 있다고 했지만 다행히 진행했다. 내가 모르는 사람들이랑 밥을 먹는 것, 게다가 게하파티라니 상상도 못 했다. 저녁 시간은 19시. 그전까지 친구랑 통화하면서 갈까 말까 고민하고, 들어가서 자리는 어디에 앉아야 하지? 걱정했다. 배에서 꼬르륵 소리가 나서야 전화를 끊고 들어갔다. 다행히 자리를 지정해 줬다. 그런데 인생 첫 게하에서 식사 자리에 여자가 나 혼자라니 어색 그 자체였다. 밥을 포기하고 일어나고 싶었다. 근데 눈치 없는 내 배꼽시계는 울릴 듯 말 듯 조마조마했다. 민망해지지 않으려 다리를 배배 꼬면서, 배에 힘을 주며 긴장감을 늦추지 않았다. 우리 테이블은 한 명은 28살, 네 명은 21살 군인이었다. 나는 21살에 대학 생활하고 방학에는 집에 가만히 있었는데 세상이 많이 바뀌었다는 것을 새삼 깨달았다. 28살은 그나마 나와 비슷한 또래였지만, 철없는 인생을 사는 듯했다. 제주도를 수없이 와 안 가본 곳이 없어 이제는 할 게 없다고 했다. 그 자리에서 이 사람의 잘난 이야기를 들어주느라 진이 다 빠졌다. 나보다 빠르게 부유함을 누리고 여유로운 모습이 부러웠던 걸까, 사업을 물려받아 마음 편안하게 놀고 사는 게 한편으로는 부러웠던 건가 싶기도 하다. 저녁 식사 자리가 끝나고 불멍하는 공간을 만들어줘서 그쪽으로 이동했다. 불을 피워주는 스텝은 제주에서 스텝 활동 시간 외에는 헬스장만 다니고 있어서 올레길 코스를 추천해달라고 했다. 제주올레길, 진로, 스텝 생활 등 다양하게 이야기를 하고 마무리를 지었다. 다음날 벤치에 앉아 있는데 스텝이 와서 인스타그램 아이디를 알려달라고 했다. 알고 보니 그 사람의 꿈도 물리치료사여서 연락을 주고받았지만, 정보만 가지고 홀연히 사라졌다.

#환호

올레길을 하면서 깊은 인연을 만들어가지 않아서 참 다행이었다. 인연을 만들어가 그 사람들과 함께 지냈었다면 내 올레길의 기간은 점점 더 늘어났을 테다. 처음에는 두려움과 막막함으로 시작해, 일주일 후부터는 적응되어 가벼운 발걸음으로 올레길을 걸었다. 낯선 산속이 나오면 무섭고 심장이 멈추는 듯하는 긴장감에 헐레벌떡 뛰었다. 숨이 차면 빠른 걸음으로 걷다가 큰 도로를 마주하고 숨을 크게 쉬는 나를 발견해 풉- 하고 혼자 웃는다. 길을 걸으면서 주민들을 만나고, 제주 올레 안내소에서 선생님들을 만나면 이야기를 나누고, 응원을 받는다. 추자도라는 곳은 배를 타고 들어가야 하는 마지막 코스다. 숙소에 도착해 치킨을 먹고 들어왔는데 아카자봉에서 만난 언니를 다시 만났다. 우리 둘은 너무 반가워서 손을 잡고 방방 뛰었다. 스쳐 지나간 인연을 다시 만난다는 것이 이런 건가, 너무 신기했다. 그렇게 올레길을 무사히 마무리했다. 내가 완주를 했다는 것이 아직도 믿어지지 않지만 완주를 하고 나서의 나는 더 자신감이 생겼다. 완주하고 사진을 찍을 때 식사하고 있는 분들이 함께 큰 박수를 치며 기뻐해 주셨다. "다들 대단하다, 고생했다." 소리를 질러주셨다. 혼자 식당에 가서 주문하는 것도 자연스러워졌고, 새로운 길을 가더라도 주변을 보면서 걸어 길 찾기가 필요 없어졌다. 혼자 3주의 시간을 가져서 그런가 혼잣말도 많이 늘었다. 잠깐 인천에 올라와서 1시간 거리는 식은

죽 먹기라며 걸어서 친구를 만나러 가기도 했다. 올레 길을 하기 전에는 걸어서 30분 거리도 멀게 느껴 고민 없이 대중교통이나 택시를 타고 다녔는데 나에게 변화가 느껴졌다. 그 후 올레길보다 더 여유롭게 제주 보름살이를 하러 다시 떠났다.

#제주올레길의 끝

22년도 10월 12일부터 11월 7일까지의 제주 올레길을 무사히 완주했다. 올레길 기간 사이에 좋은 사람들을 만나 힐링 여행을 하면서 하루쯤 쉬고, 배 결항으로 계획 없이 쉬기도 했다. 게스트하우스를 돌아다니면서 사람들을 만나 즐겁게 올레길을 완주했다. 그리고 제주 올레길을 마치고 11월 11일부터 12월 9일까지 소셜 클럽, 나만의 공간으로 되어 있는 책방, 바다 보며 멍때리고, 완벽하진 않지만 만족스러운 제주 라이프를 즐겼다.

제주도에서의 뒷이야기

#ENFP

보름살이 시작보다 하루 일찍 와 언니와 함께 게스트하우스에서 하루를 묵었다. 그때 그곳에서 만난 요리하는 사람에게 맛집 추천 연락이 왔다. '맛집 알려드린다고 했던 게 기억에 남아 연락 남깁니다.' 연락을 끊어 내도 지속적으로 오는 카톡, 퇴근 후 우리 집 근처에 와서 저녁을 함께 먹었다. 1시간 20분의 거리를 왔기에 거절하기 미안했다. 이 일상이 반복되면서 관계는 더 가까워졌다. 서로 시간이 되면 저녁에 밥을 먹고, 그 사람이 쉬는 날이면 다른 곳으로 놀러 가기도 했다. 보름 동안 새로운 사람은 만나되 연인으로 이어가지 말자 다짐했던 나인데 어느새 정이 들기 시작했다. 그래서 그 사람을 만나러 가는 길이 답답하고 머리와 몸이 따로 움직이는 나를 마주하는 순간 짜증이 나기도 했다. 하지만 언제 또 제주에서 이렇게 놀겠냐는 생각으로 즐기기로 하고 만남을 이어갔다. 그 사람은 인천에 올라온 나에게도 정성이었다. 나는 너무 답답해 물었다.

"오빠는 제주에서 생활하고 나는 인천인데 장거리를 할 생각이 있는 거야? 나는 솔직히 어렵다고 생각해. 그만큼 오빠가 나에게 관심이 많은 건가 싶기도 하지만, 가벼운 마음으로 계속 관계를 이어가기 힘든 거리라고 생각해."

"응, 나는 가을이에게 많은 관심이 있고, 생각보다 많이 좋아해. 내가 쉬는 날에 인천으로 올라가면 되는 거라 큰 문제가 되지 않아서 너랑 만나보고 싶어."

"잘 모르겠어, 나에게 일주일의 시간을 줘."

고민을 했다. 장거리는 너무 힘들다. 그리고 그 사람에게 남은 것은 정이었다. 그렇지만 상대가 나에게는 만나는 동안 진심을 다해줬고, 시간을 달라는 말에 그 사람은 인천으로 올라왔다. 이 사람은 전형적인 ENFP, 사람을 미친 듯이 좋아해 어디를 가나 방방 뛰어다니는 사람. 멍뭉이 같은 스타일이지만 어떻게 보면 철없는 어른이 덜된 어린아이 같은 사람처럼 보였다. 내가 지금까지 만난 사람들과 정반대의 성격이라 호기심이 생겨 만나 보기로 했다.

오빠는 제주에 친척 형이 내려와서 함께 저녁을 먹는다고 연락이 왔고, 나는 피곤해 퇴근하자마자 바로 잠이 들었다. 다음날 일어나 인스타그램을 확인했는데 함께 논 다른 사람이 여자들과 찍은 사진을 올렸다. 매번 내가 자도 카톡을 남겨 놓는 사람이니까 연락을 했겠지 하며 확인하는데 아무 연락이 와 있지 않았다. 아침에 출근길에 바로 전화했다.

"어디야?"

"뭐야, 누구야?" 하더니 몇 초 뒤에 "아 가을아, 나 친척 형 숙소야."

"인스타그램 확인했는데 오빠 여자들이랑 사진 찍었던데 뭐야?"

"여자들? 어제… 기억이 안 나는데."

"하- 그만 만나자."

바로 전화를 끊어 버렸다. 그 사람은 왜 그러냐고 카톡을 보내왔고, 어제 친척 형이 오랜만에 왔는데 분위기를 만들어 주려고 다 같이 놀았다는 핑계를 댔다. 그리고 이틀 뒤 SNS에 사진 올린 주영에게 연락이 왔다. "미안해 내가 분위기 좀 만들려고 옆 테이블 여자들 불렀어." 더 어이가 없었다. 분위기를 만들기 위해서는 여자가 꼭 필요로 했던 걸까, 그럴 거면 나이트클럽을 가지 식당에서 왜 그러고 있는 건지, 술에 취해 여자들이랑 논 것도 기억을 못 하는 게 어이가 없었다. 그 뒤로도 사귀고 있는 동안 올리지 못했던 다른 여자들과 놀러 가서 찍은 사진, 일 끝나고 소셜클럽에서 요리했던 영상, 자신이 휴가인 날 2대2로 놀았던 사진이 계속 업로드되었다. 이 일 덕에 나는 이제 싫어하는 남자가 어떤 사람이냐고 했을 때 바로 대답할 수 있게 되었다. "저요, 술을 좋아하고요, 술자리를 좋아하고, 거짓말을 하고, 주변에 여자 많은 사람이요."

#스쳐 지나간 인연들

일하지 않고 노는 인생을 살고 있는 사람, 군대에 들어간 20대, 물리치료사가 꿈이라 학비를 벌기 위해 게스트하우스 스텝으로 일하고 있는 사람, 제주도로 거주지를 옮겨 셰프로 일하고 있는 20대, 머리카락이 길어 이모라 불리는 40대, 20대 한의사, 철없이 아무 말이나 이야기하는 20대, 김치공장에서 사업가로 일하고 있는 49세, 사업을 준비하고 있는 20대, 일본 게임 회사에서 근무하고 있는 30대, 반도체에서 근무하고 있는 50대, 라이딩을 즐기고 있는 55세, 따뜻함을 느끼게 해준 찻집 사장님, 새벽 비행기를 타고 올레길을 걷는 50대, 100대 명산을 다녀오신 60대, 산티아고 순례길을 준비하시는 MBTI 강사, 웹디자이너로 일하고 있는 30대, 글을 쓰고 있는 무명작가, 영상 촬영하는 40대, 가수 지망생, 삼성바이오에서 근무하고 있는 20대, 다양한 연령대와 직업군의 사람들을 만났다. 나도 40대에는 지금보다 더 여유롭게 각 지역을 돌아다니고 싶어졌다.

이들 중에서 특히 기억에 남는 사람은 나보다 1~3살 어린 친구들이었다. 처음에 봤을 때는 마냥 놀러 온 친구들인 줄만 알았다. 그 친구들은 상업 고등학교를 졸업해 나보다 먼저 사회생활을 시작한 친구들이었다. 자신의 사업을 위해 사진을 찍으러 온 친구도 있었고, 미팅을 왔다가 시간이 남아 쉬는 친구도 있었다. 나는 내가 빠르게 사회생활을 시작했다고 생각했지만 나보다 더 빠르게 성장해 가는 친구들을 보고 빠른 것이 아니라는 생각을 하게 됐다. 30대에 나를 바라봤을 때 '많이 성장했구나, 단단해졌구나'라고 생각이 들 수 있도록 살아가야겠다는 생각이 들었다. 만난 사람들에게 제주 올레길 이야기, 내가 지금 하고 있는 일, 미래에 대한 이야기를 하면 "가을이가 하고자 하는 일은 꼭 이루어질 거예요."라고 긍정적으로 이야기했다. '정말 내가 그럴까?' 이런 이야기를 들을 때마다 아직도 나 자신을 많이 모르는구나 깨달았다.

#회피형 인간

나는 좋은 일이 가득 생기다가, 갑작스럽게 뒤에서 내 욕이 오가거나, 하던 일이 되지 않는다거나, 일이 한두 개가 아닌 서너 가지로 넘쳐나게 되면 모든 일을 놓고 싶은 마음이 솟구친다. 나의 한계에 부딪히면 열심히 살아가는 것이 아니라 어떻게든 취소하려 들고, 안 하는 방향으로 먼저 생각한다. 가족과의 관계에서도 트러블이 나지 않으려 수긍하며 크게 반응하지 않으려 한다. 이런 내가 궁금해 찾아봤더니 회피형 인간이었다. 그 내용을 읽으니 내가 하는 행동과 비슷한 것이 많았다. 이제 나 자신을 알았고, 회피형 인간이라 해도 이 모습을 피하지 않을 것이고 나와 함께 긍정적인 회피형 인간으로 살아갈 것이다.

#생각의 반환점

제주 올레길을 걷고, 보름살이를 하는 동안에 잊혔던 나의 물리치료사에 대한 일을 되돌아보게 되었다. 3년의 세월 동안 좋지 않은 일보다는 좋은 일이 많았던 나의 직업이었다. 성추행 사건, 체격, 단지 여자라는 이유로 무시하는 일도 있었지만 '그럴 수 있지' 하며 넘겼다. 여행에서의 여유를 느낄 때쯤 직장을 다녔을 때의 좋은 추억들이 떠올랐고, 어떻게 하면 환자들에게 도움을 줄 수 있을까, 이 일을 계속할 수 있을까 고민하게 되었다. 보름살이 기간에 대학원 원서를 넣고, 면접 준비를 해서 인천을 오갔다. 직장에서 근무하면서 웃었던 일들, 퇴사하기 전에 환자들에게 들었던 조언들, 나에게 더 높은 치료사가 되어달라고 했던 보호자들의 이야기가 생각나면서 다시 마음을 잡게 되었다. "그래, 일하면서 웃었던 날이 더 많았던 거 같아. 이러려고 이 직업을 선택한 거였지, 나의 긍정적인 에너지를 조금이라도 나눠주기 위해 선택했던 거잖아, 가을아." 하며 중얼거렸다.

제주올레길을 터닝포인트로 나에게는 많은 변화가 나타났다. 혼자 지내는 것이 편안해졌고, 여행을 하면서 여유라는 것을 처음 느껴봤다. 혼자서도 해낼 수 있다는 자신감을 느끼게 되어 예전에 비해 걸을 때도 당당함이 생겼다. 혼자 식당에 가서 직접 주문을 할 수 있게 되었다. 카페에 가서 누군가에게 쫓기듯 먹는 것이 아니라 여유를 갖고 천천히 먹을 수 있었다. 새로운 사람들을 만나면서 시야를 넓히고 사람들과 대화할 수 있게 되었다. 처음 만난 사람들에게 궁금함이 생기기도 했다. 아직 새로운 사람들과 이야기를 이어가는 것은 어렵지만 사람에 대한 두려움과 거부감은 줄었다.

새로운 시작

새로운 도전

#러닝

인스타그램에 러닝, 마라톤, 등산이 계속 올라왔다. 나도 모르는 사람들과 함께 운동을 해보고 싶었다. 할까, 말까 고민을 한 달 동안 하고 함께 할 수 있는 나만의 조건을 만들어 찾아봤다.

    1. 모임의 장이 여자
    2. 집 근처
    3. 저녁 5시 이후 8시 이전이다.

조건에 맞는 러닝 모임이 있어 바로 신청했다. 내가

처음으로 뛰는 날은 영하 12도 날씨였는데 쉬지 않고 4K를 뛰는 것이었다. 살면서 달리기는 고등학교 이후 처음 해봤다. 달리기 전 나의 심박수는 이미 100 BPM이 되어 있었고, 긴장감은 고조된 상태였다. 처음 뛸 때 걷는 것도 뛰는 것도 아니라는 페이스 8로 시작했다. 추운 겨울이라 머리에서는 스팀이 올라오고, 니트 속에는 땀 범벅, 한겨울에 얼굴에 땀이 주르륵 흘렀다. 크루장님이 나에게 말을 걸지만 대답할 수 없을 정도로 힘들었다. 뛰는 동안에는 숨이 벅차고, 그만 뛰고 싶었다. 분위기상 낙오는 할 수 없어 견디며 뛰었다. 뛰고 난 후 성취감은 다른 것들에 비해 강했고, 도파민이 분비되고, 늦은 저녁이지만 피곤함보다는 상쾌했다. 러닝을 시작하고 지금까지 1년의 세월 동안 5km와 10km를 꾸준히 달리고 있다. 나에게 가장 큰 변화는 다른 사람들과 함께 스포츠를 즐기고 있는 것이다. 봄, 여름, 가을, 겨울 계절마다 다른 공기의 매력을 느낄 수 있었다.

러닝을 시작하고 운동 계정을 만들었다. 나는 평소에 러닝과 헬스장을 다녔다. 피티를 받으면 바로 업로드를 했고, 러닝은 주 1회가 부족해 혼자 뛰는 날을 만들었다. 처음으로 혼자 뛸 때는 다들 나만 쳐다보는 거 같고, 2K만 뛰고 나면 약간 지루했다. 하지만 지루함을 견디고 완주 기록을 올리면 댓글로 응원해 주는 분들이 있어 좋았다. 혼자 매일 뛰고 운동하는 걸 업로드 한 거 뿐인데 마라톤에 나가면 아는 척해주시는 분들도 계셨다.

#야간 산행

계양산에 다녀와서 피드에 올렸는데 그것을 보고 등산 크루에서도 함께 하자는 연락도 받았다. '내가 등산을 저녁에 모르는 사람이랑 해야 한다고?, 혹시 잘못되면 어쩌지' 고민했다. 새로운 사람들을 만나는 게 아직 용기가 필요한데 하필 저녁 늦은 시간이었다. 한 3주 정도 고민하면서 해당 크루의 활동을 찾아봤다. 매주 수요일 뒤풀이 없는 등산 모임이라는 게 딱 눈에 보여서 참여하게 되었다. 다행히 언니들 4분과 함께해 외롭지 않았다. 다 같이 이야기하면서 오르니까 평소보다 정상에 금방 도착했고, 중간에 내려가고 싶은 생각이 들지 않았다. 혼자였다면 야간 산행 시작하지도 못했을 텐데 여러 사람들과 함께해 야간에만 볼 수 있는 도심의 등불을 볼 수 있었다. 보자마자 "우와, 이런 분위기가 있었어요? 사람들이 왜 많이 올라오는지 알겠어요!" 하며 정상에서 펄쩍펄쩍 뛰었다. 언니들은 처음이니까 저기 가서 사진 찍으라면서 인생샷도 찍어 줬다. "감사합니다. 매주 수요일마다 함께 해야겠어요!" 하며 신나게 사진 찍고 내려왔다. 등불은 나의 까만 머릿속에 희망이 보이듯 비추는 듯했다. 저녁은 어둡고 피곤한 시간이기에 산행을 하는 사람이 없을 줄 알았다. 생각과 달리 줄지어 산행을 했다. 이른 아침보다 더 많은 사람들을 볼 수 있었다. 밖을 나오지 않으면 세상의 변화를 모르고, 내 안에 갇혀 있으면 발전을 할 수 없다는 생각을 했다. 평소 게으르게 행동했던 나 자신의 성찰을 할 수 있었던 등산 모임이었다.

#혼자 보는 영화

내가 처음으로 영화를 본 것은 최근 개봉한 〈엘리

멘탈〉이었다. 저녁 9시쯤 영화였다. 롯데백화점과 이어져 있는 영화관이라 혼자 샤브샤브를 먹고 영화 보러 들어갔다. 휴지도 안 챙겼는데 영화가 굉장히 슬펐다. 나 혼자 훌쩍훌쩍하는 것은 아닌지 약간 눈치가 보였다. 중간부터 영화가 끝날 때까지 계속 눈물을 흘렸던 거 같다. 다행히 내 주변에는 사람이 없었다. 영화가 끝났다. 마스크를 하고 와서 콧물이 흐르는 것은 들키지 않을 수 있었는데 눈시울이 붉어진 것은 감출 수 없어 바닥을 보면서 걸었다. 그런데 백화점 문이 닫혀 있었다. 혼자 영화관을 처음 온 터라 나가는 길을 몰라 다시 코끝이 찡해졌다. 꽤 많은 사람들과 영화를 봤는데 나오는 사람은 없었다. 어쩌지 하면서 서 있을 때 아저씨 한 분이 있어 여쭤봤다. 말씀해 주신 대로 주차장을 통해 위로 올라오니 큰 길이 보여 안심하고 집으로 왔다. 매번 혼자 할 때 생각하지도 않은 일들이 생기면서 나를 깜짝깜짝 놀라게 한다. 이런 게 적응될 때쯤 나는 한 단계 더 성장해 있을 거라 믿는다.

#늘어나는 목표

 가끔 떠나는 여행에서 찍은 사진, 다양한 구름의 모양이 좋아 찍은 하늘 사진으로 나만의 엽서를 만들고 싶었다. 그래서 네이버에 계속 검색했다. 그때 알게 된 새벽감성1집이었다. 블로그에 엽서 북 만들기 모임을 한다는 것을 보았다. 보자마자 바로 기회다 싶어 신청했다. 신청하고 생각해 보니까 내 사진 실력으로 괜찮을까, 초행길이라 길 잃으면 어쩌지 걱정했다. 모임이 시작되었고 화곡역까지 1시간, 왕복 2시간의 거리를 왔다 갔다 하면서 저녁 시간을 반납하고 함께 엽서를 만들기 위해 2주에 한 번씩 모였다. 이 활동을 하면서 시간이 아깝다는 생각보다는 짧다는 생각밖에 없었다. 조금 더 일찍 알았다면 나는 지금 무엇을 하고 있을까 생각하면서 집 가는 길에 웃었다. 함께 엽서 북을 만드는 작가님들의 직업들도 다양했고 함께 이야기하고 피드백을 받으면서 나의 사진에 대해 다시 생각하게 되었다. 모임을 통해 작가님은 카메라에 대해 설명도 해주셨다. 그리고 사진을 찍고 보정하는 방법까지도 알려주셨다. 4회의 시간이 지나 엽서 북이 제작되었다. 나만의 엽서 북인데 받고 나서 믿겨 지지 않았다. 처음으로 만들어보는 엽서 북이라 이쁘게 찍은 것들은 친구들에게 한 장 한 장 나눠줬다. 이 시간을 통해 포토샵을 어떻게 하고, 엽서 종이의 재질, 사진을 찍는 것에 대한 다양함을 배울 수 있었다. 서른이 되면 나만의 엽서를 만들어 널리 알리고 싶어졌다.

#도전하려는 자세

요즘에는 새로운 사람들을 만나고 싶고, 친구들과 여행을 가고, 나 혼자 해외에 가고, 해보지 않았던 것들을 해보고 싶다. 일 년에 한 개 자격증을 취득하기, 나에게 맞는 운동 찾기, 다이어트하여 바프 찍기, 지금보다 더 나은 직장으로 이직하기, 일본 올레길 걷기, 제주도에 별장 마련하기, 엽서 제작하기, 소품샵 사업, 조그마한 아늑한 독립서점, 국내 여행, 스노보드 타기, 트레이너로 근무, 석사 취득, 강사, 교수, 대학병원이나 종합병원 근무, 공인중개사 자격증, 부동산, 등 다양한 것들이 하고 싶다. 사람들을 만나면 나는 "이제 하고 싶은 게 너무 많아서 걱정이에요. 산더미처럼 쌓여 있는데 돈이 되는 것은 없고 다 쓰는 것만 좋아해요. 다들 꿈과 목표가 확실한데 저는 막연하게 하고 싶은 것만 많아요. 이렇게 살아도 되는 건가 답답하기도 해서 누군가 저의 길을 결정해 줬으면 좋겠어요. 아직 새로운 시작도 무섭기도 해요. 강한 척하긴 하지만 겁이 나고 어떻게 살아가야 할지 모르겠어요."라고 말하고 집으로 돌아온다. 긍정적으로 생각하면 열심히 취미를 찾고 시야를 넓히기 위해 새롭게 도전해 보려는 듯해서 나 자신이 기특하다.

#혼자만의 여유

이제는 자연스럽게 혼자 카페를 가고, 몇 가지 검색해서 밥 먹는 것도 혼자 잘하고 지낸다. 맨 처음에는 사람이 없는 카페만 찾아다녔지만, 이제는 사람 없는 카페를 찾기도 어려워 가고 싶은 곳으로 바로 들어간다. 밥집은 일인 석이 있는 곳을 먼저 찾아다녔다. 제일 쉬웠던 것은 국밥집에서 밥 먹는 게 제일 편했고, 그다음은 솥밥집, 덮밥집에서 편안하게 먹을 수 있었다. 하지만 지금은 돈가스, 양식, 일식 모두 혼자 잘 먹으며 다닌다. 양식집은 처음 방문 시도할 때 문의를 했다. "혹시 혼자도 받으시나요?" 사장님께서는 "네~ 괜찮습니다. 편하게 오셔서 식사하세요."라고 하셨다. 기분이 좋아서 이틀 뒤에 방문해서 배 터지게 먹고 왔다. 테이블이 2인석 2개, 나머지는 4인석이라 어쩌지 걱정했는데 넓게 앉아도 되니 4인석으로 와도 된다고 배려해 주셨다. 덕분에 핸드폰으로 영상을 보면서 마음 편안하게 저녁을 먹고 나왔다. 따뜻한 배려가 가까운 곳에 있어 감사했다.

#첫 도전의 그룹 운동

인천에도 기능적 트레이닝이라는 그룹 운동이 생겼다. 서울에서 인싸만 한다는 그 유명한 운동. 겁 없이 바로 신청했다. 지금까지 운동은 1:1만 선호하고 그룹 운동을 싫어했던 나다. 당연히 혼자라고 생각했고, 오픈 기념으로 일주일 무료로 진행되었다. 인스타그램에 운동 신청한 것을 올렸는데 때마침 내가 좋아하는 지인에게 연락이 왔다. "나도 신청했는데 함께 하자." 먼저 연락을 줘서 고마웠다. 혼자라 막막했는데 아는 얼굴이 있으니 마음이 놓였다. 도착하자마자 신나는 노래가 흘러나왔다.

 나의 운동 시간은 6시 30분. 처음으로 아침 일찍 일어나 하루를 시작한다. 인원은 10명~20명 내외로 왔다 갔다 한다. 생각보다 나에게 관심조차 없었다. 각자 운동하기 바쁘고, 서로 적응하기 바쁜 거 같은 느낌이었다. 숨은 턱 끝까지 차오르고, 다들 쉽고 신나게 하는데 나만 헐떡이고, 드러눕고 있다. 러닝도 했었는데 이 운동은 쉽지 않았다 근데 신나는 노랫소리 때문에 다시 털고 일어나기도 하고, 코치님의 부름에 벌떡 일어나기도 한다. 이 시간에 누가 나와서 운동을 할까 의문이었는데, 운동하러 오는 사람이 많은 걸 보고 나만의 착각에 잠겨 살았구나 싶었다. 아쉬운 건, 운동이 끝나고 직장까지 40분 정도 시간이 소요되어 끝까지 하지 못하고 10분 남기고 매번 먼저 씻고 지하철을 타러 가야 한다는 것이다. 매일 아침 5시에 일어나 5시 30분에 집에서 나와 6시 30분 운동을 하고 있는 나 자신이 대견스럽다. 가끔 잠에 못 이기고, 컨디션이 좋지 않아 못 가는 날도 많지만 그래도 나 자신을 칭찬해 주려 한다. 아침에는 일정이 틀어질 일 없고, 유일하게 변덕이 없어서 마음 편안하게 무언가를 할 수 있는 큰 장점이 있는 시간대였다. 이 그룹 운동 덕분에 아침에 일찍 일어나게 되었다.

직업에 대한 용기

#돈 보다는 경험

본업을 사랑하고 좋아하지만 나의 관심은 그 외의 것들에게 쏠렸다. 본업 외에 다른 일을 벌리고 싶은 마음이 컸던 탓에 혼란이 생겼다. 머릿속이 복잡해 털어놓을 수 있는 친구에게 전화를 했다.

"나 왜 계속 다른 게 하고 싶을까, 물리치료사로 일하는 거 만족하는데 왜 그러는지 잘 모르겠어. 엽서도 만들고 싶고, 카페 아르바이트도 하고 싶고, 책도 쓰고 싶어. 근데 애들은 종합병원, 대학병원 다니면서 스펙을 쌓고, 자신의 목표를 잡고 잘 가고 있는 거 같은데 나는 어떻게 하지? 나 이러고 있는 게 맞을까? 직업을 갖고 있는데 카페 아르바이트하겠다는 내가 좀 한심한가?"

"뭐가 문제야? 하고 싶은 게 많아서 문제야? 가을아, 남들이 한다고 너도 해야 하는 건 아니야. 남과 비교하는 너 자신을 되돌아볼 필요가 있어. 그리고 카페 아르바이트를 하는 게 한심하겠냐고 생각하는 것이 이해가 안 돼. 지금 생계를 위해 아르바이트를 하는 사람들도 있고, 꿈을 위해 그 전 단계로 일하고 있는 사람들도 있어. 그 사람들은 자신의 직업을 소중하게 생각해. 근데 가을아 네가 그렇게 말하는 순간 그 사람들은 순식간에 한심한 사람이 되는 거야. 가을아 너는 지금 너의 중심이 아닌 사람들이 나를 어떻게 볼까만 생각하고 있는 거 같은데, 시간을 줄게 다시 한번 생각해 보고 이 일에 대해 다시 이야기해 보자."

나는 통화를 끊고 말없이 창문 밖을 바라봤다. 맞는 말이었다. 나는 남이 하면 나도 해야 하는 틀에 박혀 있었다. 하지 않으면 뒤처지는 느낌이었다. 나이에 상관없이 주변에서 하면 해야 하는 듯한 느낌을 받으며 살았다. 누구도 나에게 직접적으로 말해주지 않았다. 충격은 빠르게 가시지 않았지만, 덕분에 다시 생각하게 되었고 하고자 하는 것에 흔들리지 않기로 했다.

이런 상황에서 가끔 떠오르는 것 중 하나 귀에 딱지 앉을 정도로 들었던 말 "돈 따라다니지 말아라, 돈이 따라오게 살아라"다. 맞는 말이다. 그렇지만 사람은 욕구에 의해 나도 모르게 돈에 따라다니고 있는 거 같다. 그래서 나도 하고 싶은 게 늘어나고 돈을 생각하는 거 아닐까 싶다.

첫 사회생활을 할 때 행복의 우선순위는 돈이 아니라는 것이 맞다고 생각해 왔다. 첫 병원을 고를 때는 돈에는 무관심한 상태로 교육의 커리큘럼을 보고 지원했다. 돈을 중요시 여기지 않으며 월급이 밀리지 않고 나의 발전에 도움이 되는 병원을 선택했다. 나의 첫 선택에 대해 후회하지 않는다. 첫 직장 덕분에 환자를 대하는 방법을 많이 배웠고, 학업에 대한 열정을 갖게 해준 곳이기 때문이다. 이직하면서 더 여유가 생겨 대학원을 다니고, 돈 보다는 경험을 더 중요시하기 위해 취미를 찾으려 노력했다. 내가 하고 싶은 것을 하면서 칭찬을 받고, 고마움을 받는다. 그랬더니 신기하게도 나의 취미로 수익을 버는 사람이 되었다. 단, 큰 금액은 아니다. 단순히 새로운 경험을 할 수 있다는 것에 감사하다. 누군가의 말처럼 다른 사람들의 모습에 흔들리지 말고 오로지 나 자신만 바라보고 믿고 꾸준히 한다면 기회는 꼭 온다는 믿음으로 하루를 살아간다.

#나의 한계

내가 하고 싶은 일이 많은 것은 좋은 것이고, 내가 지금 하고 있는 직업의 전문성을 키우면서 하고 싶은 것을 해보자고 결심했다. 그래서 나는 3년의 사회생활을 하면서 치료사로서의 한계를 느꼈고, 나와 같은 종사자들과 이야기를 나누고 싶고, 치료 방향에 대해 알고 싶어 대학원 진학을 선택했다. 사실 학부 생활을 할 때 논문을 써본 적 없고, 논문을 찾아 내용을 발표한 적만 있었던 나에게는 대학원 생활의 첫 시작이 힘들었다. 다른 선생님들은 빠르게 이해하지만 나는 교수님 말씀을 바로 이해하지 못했기 때문이다. 수업 시간이 되어 논문에 대해 기본적인 내용들을 알려주지만,

내 머릿속에는 남지 않고 바로 흘러 나가 버렸다. 다른 선생님들은 여러 가지 논문들을 읽으면서 정리하는 반면, 나는 어떻게 해야 하는지 몰라 방향도 잡지 못하고 하나의 논문만 읽고 또 읽었다. 다행히 주변 사람들에게 도움을 요청하면 거절하지 않고 손을 잡아주는 사람들 덕분에 1년의 세월이 지나고 나서야 비로소 논문 찾는 방법을 조금은 깨달았고, 보는 방법에 대해 눈이 뜨이기 시작했다. 아직도 버겁고, 1년의 세월이 흘렀지만 여전히 누군가 앞에서 정리해 발표하는 것은 어렵다. 지금 당장의 빛은 바라지 못하지만 이 과정이 쌓이고 쌓여 10년 뒤 내 모습을 바라본다면 강단에 서 있는 날이 있지 않을까 싶다.

#욕심

내 성격 중 특이한 것은 하나의 결과가 끝나면 또 다른 일을 시작하거나, 일을 할 때 조금의 여유가 있으면 다른 일을 시작했다는 것이다. 대학원 생활을 하면서 내가 하고 싶었던 카페 투어, 글쓰기 등을 놓는 것이 아까워 학교생활에 적응하자마자 다시 시작했다. 이런 취미가 적응되면 다른 새로운 운동을 추가한다. 시작 전에는 걱정을 엄청 하지만 현실에 닥치면 누구보다 즐겁게 하고 있다.

1:1 피티를 받지 않고 혼자 하겠다고 집 가까운 헬스장을 등록해 꾸준히 운동했더니 트레이너 제의가 들어왔다. 흔들렸다. 하지만 얕은 지식으로 물리치료사 면허증을 악용하여 우리의 영역을 더럽히고 싶지 않았다. 그래서 물었다. 나의 물리치료사 면허증을 내세우지 않아도 되겠냐, 저녁 타임만 하면서 나의 본업을 지킬 수 있겠냐고. 하지만 하루 종일 센터에 있어야 한다는 이야기에 나는 하지 않겠다 대답했다.

또 다른 취미인 카페에서 커피를 마시며 여유롭게 책을 읽으며 즐기는 것이다. 카페들을 방문하고 좋았던 점을 업로드 했더니 협찬이 들어왔다. 블로그와 인스타그램에 글을 올려 준 덕분에 손님이 늘었다며 감사 인사를 해 주실 때 비로소 나의 작은 취미는 빛을 발한다. 글을 쓰는 걸 좋아해 꾸준히 글을 쓰니 책을 출판하는 기회가 왔다. 노인을 좋아해 교육을 들었을 뿐인데 영상 촬영과 봉사활동을 할 수 있는 기회가 생겼다.

물리치료사로서의 전문성을 키우기 위해 협회에 임원으로 지원했다. 그들이 얼마나 부지런하게 살아가는지 조금은 알게 되었다. 무엇이든 시작이 어렵고 시작하면 그 이상의 값진 것들이 나에게 돌아오는 것을 느꼈다.

#남들의 시선

가끔 이렇게 열심히 살아가는 것을 다른 이들이 부정적으로 바라보는 시선들 때문에 내가 너무 많은 것을 바라는 걸까, 나 같은 바보는 주어진 틀에 박혀 하나만 해야 하는 걸까, 자존감이 떨어지기 시작했다. 그래서 나의 갈대 같은 마음을 잡을 수 있는 곳에 손을 뻗었다. 나는 이 직업을 계속 이어가고 싶었고, 환경이 주는 힘을 무시할 수 없다 생각한다. 나보다 먼저 시작한 임상가들의 조언과 그들의 삶, 그들이 하고 있는 것에 대한 궁금증이 있었다. 임원 활동을 신청하고 결과를 받는 시간은 1주일의 시간이 걸렸고 그 시간은 나에게 한 달 같았다. 새로운 분위기 설레지만, 폐 끼칠까 봐 걱정스러움이 가득한 출발이다. 새로운 분위기에 다시 1년 차로 돌아간 느낌이었다.

#내 일을 사랑할 수밖에 없는 이유

내가 본업을 사랑하고 놓을 수 없는 이유는 나의 손과 말을 통해 사람들에게 변화를 주기 때문이다. 그만큼 나는 나의 직업이 매력적이라고 생각해 만족도가 상당히 높은 편이다. 나를 찾아주고 나를 믿고 따라와 주는 환자들만 생각하면 기분이 좋아진다. 나의 몸을 써서 누군가에게 도움을 주는 일이기에 언제까지 이 일을 지속할지는 잘 모르겠지만 하는 동안에는 진지하게 하려 한다. 일을 하다 보면 꾸준히 연락을 하며 지내 주는 환자들에게 감사하다.

"선생님 웃음소리 듣고 싶어서 전화했어요."

"가을쌤 뭐하고 지내나, 잘 지내나 궁금해서 연락했어요."

"선생님 저희 어머니가 요양원이나 요양병원 가려는데 차이를 알려주세요."

"선생님 직접 치료는 받지 않았지만 선생님 덕분에 병원 생활이 즐거웠어요 감사합니다."

등 연락을 종종 받는다. 참으로 감사하다. 1년 차, 2년 차일 때 만난 환자들도 내가 뭐라고 매번 찾아주고 연락을 준다. 나를 찾아주는 사람들의 기대치에 부응하기 위해 나는 내 자리에서 열심히 살아가는 모습을 보여준다. 그 사람들에게 얕게 아는 지식으로 아는척하는 것이 아닌, 내가 정확하게 알고 있는 상태에서 이야기를 하려고 노력한다. 나의 말 한마디로 용기를 주기도, 실망을 주기도 하기 때문이다. 이 직업에 대한 권태기가 올 때마다 환자분들이 나에 대해 이야기를 해주면 또다시 극복한다. 좋은 사람을 만나고, 나를 필요로 한 사람들 때문에 나는 이 본업이 소중하다.

#은인이세요

"선생님, 안녕하세요. 아직 000병원에 계시나요?" 문자가 왔다. 걱정스러웠다. 다시 아프신가, 무슨 일이 있으신가. "네, 아직 근무하고 있어요. 무슨 일 있으세요?" 답장이 오기까지 조마조마했다. 잘못한 것도 없지만, 혹시나 하는 마음에 기분이 이상했다. 이분은 희귀질환을 가지고 계셨다. 특이한 증상이기도 했다. 운동에 대한 열정이 가득하셨던 젊은 환자분이셨다. 그분과 만난 것은 내가 3년 차 때, 거의 1년 반 전이다. 그분을 담당하게 되었을 때는 운동 방법, 질환에 대한 것들에 대해 논문을 봤지만 연구가 많이 없어 최대한 면역력과, 동기부여를 통해 기본적인 운동으로 치료를 했다. 이분은 치료에 대한 열정이 넘쳐 빠르게 호전되었고, 사회에 복귀해 상담 업무를 하고 계신다. 다행히 나의 직장 근처로 다른 분 상담하러 오는 길에 커피를 사준다고 연락한 것이었다. 괜찮다며 거절했지만. "생명의 은인 중 한 분이라 그냥 갈 수 없어요." 하시는데 가슴에 주먹 한 대 맞은 듯한 느낌이었다. 은인이라니 내 주제에 낯간지러워 가만히 있을 수 없었다. 내가 생명의 은인이라니. 너무 감사했고, 지쳐가고 있는 나에게 큰 힘이 되는 말이었다. '나… 정말 그렇게 불려도 될까? 은인이라니, 그것도 생명의 은인, 내가 해준 건 운동뿐이었고, 지쳤을 때 응원을 해주고, 그 사람의 말을 들어줬을 뿐이었는데….' 커피를 받고 많은 생각이 들었다. "감사합니다. 저를 그런 사람으로 생각해 주서서, 좋은 기억으로 남기고 간직해 주서서, 종종 연락을 주서서 감사합니다."라고 이야기를 전한다.

나의 숨은 이야기

 나는 1남 1녀의 막내로 태어났다. 사실 나는 집에서는 오빠와의 비교에 살았고, 학창 시절 반에서 36명 중의 33등 하는 바보였다. 학교에 다니면서 공부에 흥미도 없었고 해야 하는 이유를 몰랐던 나였다. 중학교 시절 한 학원에 다녔다. 그때 매일 남아서 공부하는 탓에 수학 과목을 90점을 맞았다. 함께 다니는 친구가 나보다 못한 점수를 받았더니, 커닝했다고 소문을 내며 따돌림을 시작했다. 선생님도 갑자기 점수가 오를 수 없다며 믿어주지 않으셨다. 심지어 그 선생님은 매일 친구들이 수업이 끝나고 가면 나 혼자 고등학교 오빠들 사이에 남아 11시까지 남아서 공부했던 것을 선생님이 보셨다. 그래서 나는 더 억울했다. 그 후로 학원을 그만두고, 과외로 다녔다. 하지만 남보다 잘하면 안 된다는 심리변화가 생긴 후에는 모든 걸 내려놓았다. 학교에서는 수업 시간 두 차례 어지러움으로 쓰러졌지만 선생님도 관심이 없었고, 어지럽다고 이야기했지만 옆 짝꿍도 나에게 관심조차 없었다. 나의 이런 상태를 집에 말할 수 없었다. 참고 학원을 가고, 공부하는 척했다. 엄마아빠가 없을 때에는 오빠의 꾸지람을 듣고, 어느 날에는 긴장한 상태로 이야기를 듣다 귀가 먹먹해지고 눈앞이 아무것도 보이지 않은 날이 있었다. 학교에서 느꼈던 어지러움이 찾아왔다. 오빠에게는 티 내지 않으려 "잠시만 내가 지금 좀 어지러워서" 하며 누웠다. 공부하기 싫고, 이야기 듣기 싫어 그런 거로 생각했겠지만, 나는 힘들었다. 학교에서도 열심히 해서 성적을 잘 받으면 안 되는 느낌, 열심히 해 상장을 받으면 뒤에서 속삭임, 집에서는 오빠와의 비교, 나만 느끼는 어렸을 때의 차별받는 느낌, 그때의 무시하는 듯한 말투와 화, 짜증이 섞인 그 말투, 그때의 나는 죽고 싶은 중학 시절을 보냈다.

  과수원의 딸이고, 공부를 못하는 나여서일까, 학교를 가지 않는 주말과 일찍 하교하는 날에는 밭에서 나만 불렀다. 정말 일하기 싫고 도와드리기 싫었다. 가만히 앉아서 좋아하는 책을 읽고 싶었고, 노래를 듣고, 그림을 그리고 싶었다. 하지만 오빠는 공부하는 사람이니까 집에서 밭일은 내가 해야만 하는 분위기였다. 나는 궁금해서 물었다. "오빠도 집에 있는데 왜 나한테만 시켜요?" 아버지의 대답은 "오빠는 공부하잖아." 오빠는 공부하여서라는 이유로 나만 부르는 아버지. 사소한 "물 가져와라.", 비 오는 날에는 "수건 좀 가져와 줘라.", "새참 좀 가져와 줘라." 나는 속으로 생각한다. '그래 나는 공부도 못하니까, 공부하는 척하기보다는 심부름이나 해야지' 하면서 가져다드린다. 도착하면 매번 오빠랑 비교를 시작한다. "오빠는 공부를 잘하는데 너는 왜 그러냐?"는 소리는 귀에 딱지가 앉을 정도로 들었다. 아침마다 엄마는 오빠에게만 주먹밥, 유부초밥, 과일 등 아침 해결할 간단한 먹거리를 만들어 차 태워 보낸다. 어느 날 오빠 신발을 빨아준 어머니에게 말했다. "왜 오빠꺼만 해줘?" 돌아오는 답은 "오빠는 공부를 하고 너는 공부 안 하잖아. 부러우면 너도 공부 해!"였다. 충격이 컸는지 15년의 세월이 흘렀어도 잊혀지지 않는다.

다행히 고등학교 시절까지 무사히 보냈다. 그리고 아무도 간섭하지 않은 거리인 대학교에 들어가서는 열심히 살았다. 덕분에 지금 내가 좋아하는 일을 하고 있다.

원하는 본업을 하면서 새로운 일을 도전했다. 사진을 배운 적 없고, 동영상 편집도, 마케팅도, 배운 적 없는 내가 시작한 것은 블로그였다. 블로그는 개설하고 4년의 세월은 단순히 일기장이었다. 꾸준히 하지 않아 저품질로 인해 블로그를 없애고 다시 시작했다. 새로운 계정으로 시작한 지 2년의 세월이 흘렀다. 요번에는 애드포스트를 받겠다 다짐해 3개월 동안 하루에 한 개씩 업로드를 하여 성공했다. 블로그로 수익을 버는 것은 아직 관심이 없다. 들어오면 들어오고 아니면 그만이다. 그래도 자고 있을 때 천 원이라도 들어오는 게 감사하면서도 신기하다. 그 후부터는 카페 체험단과 협찬, 식당 체험단으로 식비를 절약할 수 있었다. 인스타그램으로 카페 이야기를 올리면서 사람들과 소통하는 재미까지 얻었다. 남들은 한 달에 몇백만 원, 몇천만 원 벌지만 나는 아니다. 하지만 이 상황은 본업을 하면서 부업으로 하는 사람들, 이제 막 블로그를 시작하는 사람들은 모두 나와 같은 상황이지 않을까.

나와의 약속

  1. 명확한 목표를 세우자. 나는 5년 후에는 물리치료사로서의 선한 영향력을 줄 수 있는 강사가 될 것이다. 이처럼 명확한 목표가 있다면 전문성을 키우기 위한 동기부여가 된다. 내가 지금 하고 있는 일에 대해 '왜 하고 있지, 왜 하고 싶지'에 대해 생각해 보는 것이 좋겠다.

  2. 매력적인 성품을 갖자. 긍정적인 마음, 열린 마음으로 받아들이는 아량, 여유로운 모습을 비출 수 있는 유머 감각, 자신의 성공에 대한 자기 믿음, 의사소통을

위한 적합한 어휘 사용, 말과 행동을 위한 눈치, 주변 환경에 적응할 수 있는 유연성을 확인해 보는 것이 좋겠다.

3. 자기 계발을 위해 노력하자. 가만히 있는 사람과 무엇이든 도전하는 사람에게는 뻔하지만 기회가 많다. 머릿속에 계획만 세워봤자, 기회가 온다면 행동으로 실천한 사람에게 먼저 돌아가게 되어 있다.

4. 열정을 조절하자. 갑작스럽게 여러 가지를 하게 되는 그런 열정은 당신을 지치게 만든다. 과한 열정은 그만큼 빠르게 식기에 지속적으로 꾸준히 할 수 있도록 적당히 이끌어가는 게 좋다.

5. 역경과 좌절을 피하지 말자. 살아감에 있어서 사소한 것에도 좌절하게 되어있다. 인간관계에 대한 사소함으로도 뒤통수를 맞아 좌절하게 되기도 하고, 남들이 다 따는 자격증 하나도 떨어져 역시 나는 안되지 하며 좌절하지 말자. 만약, 힘든 일이 온다면 '그럴 수 있지', '왔구나' 하며 생각해 보는 것이 좋겠다. 다음 발판을 위해 나에게 오는 과제 중 일부일 것이다.

6. 건강을 챙기자. 잠을 잘 자야 한다. 잘 자야 한다는 게 12시간을 자라는 것은 아니다, 최소 모든 사람들

이 말하듯이 6~7시간 자야 생체리듬이 깨지지 않는다. 나는 아침 운동을 시작해 지금까지 6개월을 지속해 오고 있다. 5시에 일어나 6시 30분부터 운동을 하고 바로 8시 10분까지 출근을 한다. 6개월이 지난 지금은 견딜 만하다. 출근해서 일의 능률이 조금 더 향상되었고, 이제는 아침 운동을 하지 않은 날에는 오전에 몸이 무거움을 느낀다. 퇴근 후에는 에너지가 샘솟는다. 그래서 운동 하기 전보다 학교 수업에 집중할 수 있고, 책을 읽고, 지금처럼 글을 쓰고 있다. 그리고 친구들을 만나 밤늦게 놀아도 체력이 무너지지 않고 혼자 살아남는다.

이렇게 열심히 규칙적으로 살아가면서 나는 뇌졸중, 치매, 시니어 치료에 대해 공부해 시니어 대상으로 활동하는 물리치료사가 될 것이다. 그리고 나아가 요양원을 운영할 것이다. 그 외에 카페의 꿈은 나만의 소박한 독립서점을 만들어 사람들이 편히 쉬어갈 수 있는 안식처를 제공하는 것이다. 나의 목표가 흔들릴 때도 많고 도움을 요청할 사람도 없다. 어떻게 시작해야 할지 모르겠고, 어떤 방향으로 나아가야 할지 고민만 쌓여 가는 중이다. 나의 목표에 흔들리고 싶지 않다. 최대한 묵묵하게 나 자신을 위해 한 단계씩 쌓아갈 것이다.

에필로그

    이 책을 쓰기까지 오랜 시간이 흘렀다. 단순히 내가 원하는 것을 몰라 찾기 위해 글을 쓰고 있을 때 타이밍이 맞아 이 책을 쓰게 되었다. 고민만 하던 내가 한 권의 책을 쓰고 있다는 게 나 스스로가 놀랍고 믿어지지 않는다. 첫 사회생활부터 지금까지 나의 모습이 한 편의 영화처럼 머릿속을 스쳐 가는데 한편으로는 슬프고, 한편으로는 나 스스로가 대견스럽기도 했다. 첫 장의 내용을 쓰고, 읽을 때마다 상황이 또렷하게 기억이 떠올라 눈물이 났다. 울지 않으려 장소를 옮겨가며 글을 썼지만 참아내지 못하고 주르륵 흘려버렸다. 짧은 5년의 세월 동안 나에게 일어난 다양한 일들을 모두 쓰지 못했지만 사회에서의 이야기는 많이 담아 놓은 거 같다. 나의 변덕스럽고 팔랑거리는 줏대를 고스란히 적어 놨고, 나를 꾸밈 없이 그대로 보여주는 거 같아 부끄럽고 민망하기도 하다. 하지만 이 책은 나의 답답함과 억울함 그리고 부족한 모습을 온전히 적어 놓은 일기장의 형식의 글이다.

글을 쓸 때마다 그때의 감정들이 떠오르고, 다시 그 상황으로 돌아간다면 그때와 다른 선택과, 표현, 행동을 했을 것이다. 3년의 세월 동안은 분노, 억울함, 걱정, 좌절, 실망, 답답함 등 해결하지 못하는 감정들과 싸우고 2년의 세월 동안은 활기, 웃음, 도전, 의욕 등의 감정과 걱정의 감정과 함께 지냈다. 이야기를 쓰면서 내가 누구인지, 어떤 사람인지에 대해 몰랐던 부분을 알게 되었다. 다른 길을 가더라도 원점으로 돌아오는 탄력성을 가진 나의 의지와 목표는 칭찬해 주고 싶다.

혼자 할 수 있는 경험을 쌓아
또 다른 새로운 나를 만들어간다.

원하는 걸 모를 때
한 박자 쉬어가자

원하는 걸 모를 때 한 박자 쉬어가자

1판 1쇄 발행 | 2024년 7월 1일

지은이 | 가을

편집.디자인 | 새벽감성
발행인 | 김지선
펴낸 곳 | 새벽감성, 새벽감성1집

출판등록 | 2016년 12월 23일 제2016-000098호
주소 | 서울 양천구 월정로50길 16-8, 1층 새벽감성1집
이메일 | dawnsense@naver.com
블로그 | blog.naver.com/dawnsense
인스타그램 | @dawnsense_1.zip

*책값은 표지에 있습니다.
*잘못된 책은 구입처에서 교환해 드립니다.
*이 책의 사진과 글의 전부 또는 일부를 발췌하거나 인용하려면
반드시 새벽감성 출판사의 동의를 얻어야 합니다.